世界は
アメリカの嘘を
見抜けない

アフガニスタンからイラクまで

日高 基
Hidaka Motoi

文芸社

世界はアメリカの嘘を見抜けない◎目次

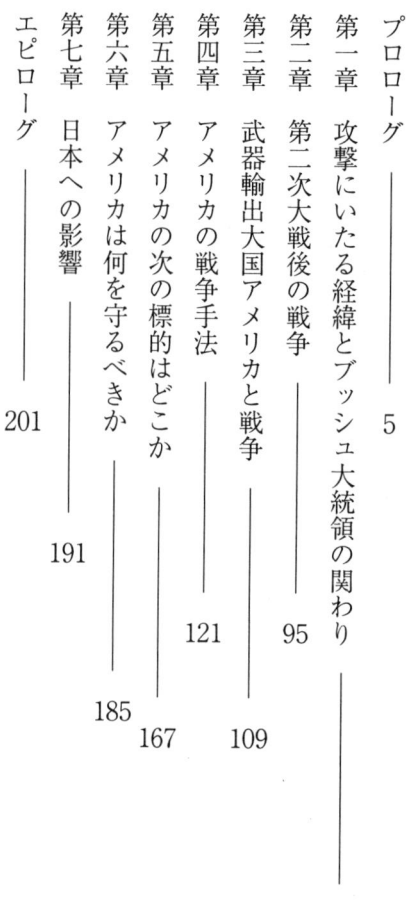

プロローグ

私が本書を書き始めたきっかけは、「いたましい同時多発テロ」を受けたアメリカが、テロ撲滅の旗印の下に、イスラエルを彷彿させるような復讐行為をなりふりかまわず進める姿が報じられていたからである。そして世界平和の維持や活力ある国際秩序の形成が、アメリカの独走によって困難になるのではないかとの不安を感じたからである。

サンフランシスコ大学・政治学部教授のステファン・ズネス氏が、「イラクの武力行使は今世紀最も侵略的な戦争になろう。脅威になるかもしれないというだけの理由で、アメリカは一方的な戦争を仕掛けようとしている。アメリカのイラク攻撃は国際法に違反し、モラルを損ない、アメリカの国際的な指導力を低下させている」と論評しているように、同時多発テロ後のアメリカ国民の多くが、ブッシュ政権のプロパガンダの情報操作によって、暗黙のうちに好戦的な政府の方針に導かれている。このように徐々に意識改革がなされ、戦闘的な国民へと醸成されている不思議さとアメリカ人が内包している特殊性を感じながら、ブッシュ政権の世界戦略があると危機感を覚え始めたからである。しかし、同時多発テロで一般のアメリカ市民が受けた傷を思うと、反米的な思考は、被害者への偏見の集大成を行うようで著作への意欲が薄れてしまうのも事実である。

それでも、炭疽菌事件に絡めてイラク問題が報じられるに従い、徐々にブッシュ政府の発表と報道の関連性に何かの「ゆがみ」を感じざるを得なくなった。それでも日本の報道に流されながら傍観者を決め込んでいたが、その後、海外メディアや日本の良識ある報道を聞くにおよび、少しずつ「ゆがみ」が強調されていった。そして疑惑がさらなる疑問へと進み、いつのまにか強い疑念となって私を包んでいったのである。この疑念を解明するため、数々の関連情報を収集・整理または解析するうち「ブッシュ政権は真実を語っていないのではないか」「テロの復讐行動の背後に真実が隠されているのではないか」「テロを起因として何かの謀略があるのではなかろうか」と感ずるようになっていったのである。そこでとりあえず真実のほどはさておいて、疑念をもたらした「炭疽菌の新聞報道」を集めながら、「なぜ、同時テロの影響が大きいこの時期に炭疽菌の恐怖を持ち出したのであろうか。そして実際に炭疽菌患者が発生したのか」について検証しようと試み、新聞報道を一つひとつ収集することにした。

このようなきわめて単純な動機が、数々の疑念を生みそして変化し、調査に熱が入った次第である。

炭疽菌報道の資料が増え、積み重なるに従い、アメリカ政府が発表する数々のコメント――ブッシュ大統領とその取り巻きの開戦派の各長官の「意見」と「事件詳細」――にいくつかの「ずれ」が露呈してくるように感じられたのである。


事実、炭疽菌患者が発生する三週間前に「これから新たなテロ行為が起こるであろう」ことをブッシュ政権の高官が語っていた。さらに生物化学兵器によるテロ攻撃がまもなく起こるかのように、ブッシュ大統領が述べたのである。それ以降アメリカではガスマスクが飛ぶように売れ、二〇〇一年一〇月五日にはフロリダ州で炭疽菌の第一号感染者が発生し、注意を喚起する予測が現実となったのである。

その後、アメリカ国内では幾度か炭疽菌事件が発生したが、その菌は「アメリカ政府機関」から流出したことがフライシャー報道官から発表され、「米軍の関係者および施設を調査する」と公表されるに至った。しかし、炭疽菌事件はその後いっさい報道されていない。当初、炭疽菌はアルカイダやイラクがもたらしたと言っていたブッシュ政権は、なぜ真実をもって訂正をしないのだろうか。

また、同時テロをめぐって、オサマ・ビン・ラディン氏とイラクの関係を示唆する発言がブッシュ大統領とその政府高官から発信されたが、中東地域の諜報活動では世界最高水準にあるイスラエルの機関が、「アフガンのテロとイラクを結びつける証拠はない」と発表しているのである。また、第一回の国連安保理理事会での報告が終了した後に、フランスのテレビで軍事評論家が「フセインはテロ組織そのものを嫌っていて、テログループと結びつきはない」と発言したように、イラクとテロとの関わりについてはアメリカとその他の国々では情報と理解に大きな食い違いがあることが否めない。現にイスラム・スンニ派のワハーブ派に属するアルカイダと政教分離を唱えるフセイン大統領が「水と油」の関係であったことは周知の事実である。さらに重要なのは、ブッシュ家とオサマ・ビン・ラディン氏は共同で投資会社を設立するなど、両者の深い関係が明らかになっている点である。これには何かきな臭さが漂う。

調査を開始する以前は、私もアメリカ政府の一連の発表を信じそれに誘導されていたが（強いものに従属する傾向が私にもあった）、この考えを改め、既成概念にとらわれずに資料収集を行った結果、ブッシュ政権の言動と物事の推移が「無理や屁理屈」に感じられるようになり、本書を書き下ろすきっかけとなった。イラク戦争前に書き下ろす予定であったが、すでにイラク攻撃は終了に向かった。だがその最中でも数々の疑惑が増大していったので、戦後の記事も含め追加した次第である。

戦争への疑惑は単にブッシュ政権の「石油の利権」狙いと考えていたが、これはブッシュ戦略の一部に過ぎない。「アメリカ内部の権力争い」「アメリカ国民を束ねるための情報操作」「アメリカ経済の活性化と建て直し」「アメリカの軍事産業の育成や爆弾等の戦場での実験」「大統領選挙での戦争活用」などさまざまな要素と要因を絡ませながら「強いアメリカ」を維持するためにイラク戦争が演出されたのではなかろうか？　いや、今までの戦争が強いアメリカを表現するためではないかと考えられるのである。第二次大戦以後も約一二回（世界では一九回のうちアメリカが一二回である）の戦争を繰り返し、武力で強いアメリカを表現しているようである。

それゆえブッシュ政権は、国家機密に属すると称して証拠の開示を行わないまま、同盟国にも「口頭説明」をもってイラク戦争を正当化しながら戦争を繰り返しているのである。

これはまったくうがった見方だが、同時テロもＣＩＡ（米中央情報局）とＦＢＩ（米連邦捜査局）、そして軍の諜報機関の権力争いから生まれたのではないか。「ちょっとしたテロ行為に過ぎない」と実行者を泳がしているうちに（実際に情報提供者としてサウジアラビアに泳がしている）、とてつもなく大変な事態を生んでしまったのではないかと考えられなくもない（現にアメリカはイギリス、イスラエル等からテロ情報を得ていたと報道されている）。その流れを示すようにテロ情報の対処方法についてＦＢＩがＣＩＡを調査したとの発表があったことが、その真実を示唆するようであり、内部抗争の方向をうかがわせているのである。
炭疽菌事件がアメリカのマッチポンプによって生まれたように、同時テロもブッシュ政権の機関が暗黙の了解を与えていたのではないだろうか。だとしたら世界とアメリカ国民をあざむいた行為であり、政権維持のため大変な問題を起こしたことになる。

一方、イラク攻撃への安保理理事会でパウエル国務長官が示した窮余の一策ともいうべき証拠の衛星写真がＵＮＭＯＶＩＣ（国連監視検証査察委員会）の委員長により事実と異なると否定されたのをはじめ、核開発などアメリカの示す証拠が次々と委員長によって否定され、アメリカの示す真実そのものが後退していった。これでは真実が世界に知らされないまま歴史が曲げられていくようである（何ゆえＮＨＫは、この衛星写真が国連安保理理事会で証拠として不適格であると指摘された後もイラク攻撃の証拠として提示するのか。社会の公器としての義務を果たしていないように感じられ、たまらない気分である。私の中でＮＨＫの報道はすべて正確だと理解していたし、この年になるまで信じていたのである。しかし隠蔽に相当する行為を二回も真実のように報道されると唖然としてくる）。

歴史上ただ一国だけ核爆弾を用いたことのあるアメリカが、「核廃絶や大量破壊兵器の破棄」

を理由にイラクと戦争を始め、核の使用もあり得ると公表した。このアメリカの行為を、世界でも稀な「平和憲法」のもと、国際社会に貢献する唯一の被爆国日本は止めなくてはならない。ドイツよりフランスより日本が戦争に強く反対することが必要ではなかったか。自民党の著名なM議員が夕刊紙（二〇〇三年四月四日発行）に寄稿し、フセイン大統領よりブッシュ大統領が世界の脅威であると述べている通り、世界ではアメリカ脅威論が認識され始めている。おりしも次の朝刊紙（四月五日）にラフサンジャニ・イラン前大統領が「アメリカはイラクに勝利することは望ましくない。なぜならアメリカはフセイン大統領よりも危険だからだ」と述べているように、かつての戦争相手であるフセイン大統領よりブッシュ大統領に脅威を感じているようである。世界の賢者は一様に世界のどの国も対抗できない軍事大国アメリカの脅威が、正義や理性を度外視して世界に向けられていることへの不安を持っていることがうかがえる。

両国の軍事力の差から、「勝敗」よりも「いつ終結するか」が論議される中でイラク戦争は始まった。圧倒的なアメリカの軍事力によって、イラクは真綿で首をしめつけられるように抵抗力を失っていった。私も小さな失望感を横たえながら、無気力感が心の中を支配していくのを感じずにはいられなかった。どんなに優れた正義や理解力を示しても、いかなる国も立ち向かうことのできない破壊力を楽しむかのようにブッシュ政権は弱い国を蹂躙し、その恐怖を世界に発信していった。しかしこの攻撃こそ、世界の政治に疑問を突きつけた。それは各国の政府と国民を二分し、世界の多くの人々と国連が無気力感を漂わせる戦争になったのである。勝者のブッシュ大統領とその同調国などの為政者と、敗者の国々とその国民とに二極分化したのである。

ガリバーの強国が理性も秩序もなく小国を攻撃したことに対して世界の人々は放心し、楽しいはずの時が、むなしい歴史を刻む「黒いはと時計」のように動かなくなった。そして、国民と政府との決別が生み出されたように感じられた。開戦派の各国政府は国民の意思に関係なくブッシュ政権を後押しし、国民はただ虚空に声をもらすだけであった。そもそも選挙によって選ばれた議員で構成される政府は、国民に夢と希望を提供するよう政策を実行する機関である。しかしガリバー国家による押し付けに屈し、国民の思考と遊離した判断をもたらしているなど嘆かわしいとしか言いようがない。このままでは次世代に負の遺産と義務を与えかねない。そしてさらなる悪魔の囁きと最悪な事態が起こらないために、本書では問題提起していく予定である。

読者の方々には多様な意見があるかと思われる。読み終えた後は、本書に対する否定の気持ちや不満も感じることと思われるが、本書は、最も影響力があるのに、政府の顔色ばかりを窺っている、テレビ局のニュース番組には頼らず、新聞報道に基づき、純粋な情報と数値で書き上げたものである。なぜならテレビはブッシュ政権が不利になる真実を避けた報道をしていることが多々あるからである。しかしこの判断によって良い方向性が得られた。それは新聞記事を時系列につなぎ合わせることによって、真実を浮かび上がらせる効果が得られたからである。とはいえ、それだけでは十分に立証できないため、アメリカに精通していると判断できる書籍ならびにコメントを引用した。ただし、著者の心理が強く反映するコラムは極力割愛するよう編集を心がけた。

さて、この著書に引用した日付は新聞報道時のものであり、事実と発生日にずれを感じられるであろうことを、あらかじめご了承いただきたい。また、原稿はイラク開戦以前に書き、攻撃が始まる以前に出版を試みたが、残念なことに攻撃終了後の出版になったために様々な理由が後から付け足されたかのようになってしまった点をご了解のうえ、お読みいただきたい。

第一章　攻撃にいたる経緯とブッシュ大統領の関わり

同時多発テロからアフガニスタンまで

二〇〇一年

九月一一日。世界史上きわめて特殊な、痛ましく、そして驚愕すべき航空機によるテロが勃発した。その流れはテロ撲滅運動となってテロ実行犯の解明・撲滅へと進んでいった。世界は前代未聞のテロに対してアメリカの行動に共感を覚え、共に戦うことを共有していったのである。世界はまさにアメリカとともに行動することの必要を理解していった。

九月一三日。捜査当局は容疑者のフロリダ州の住宅や店舗を捜査。二台の車を手配し、四人を「オサマ・ビン・ラディン氏の支持者の疑いあり」と公表した。そしてＦＢＩの調査報告はフロリダ州の居住者はエジプト、サウジアラビアのパスポートを持ち一部は墜落現場で押収したと発表している。そしてＦＢＩのマラー長官は四機をハイジャックした犯人のうち、多数の身元を特定したとの談話を発表している。

同日、マラー長官の談話とともにパウエル米国務長官は「タリバンはオサマ・ビン・ラディンを保護している」と発言し、テロ捜査の標的がアフガニスタンであることを示唆した。そしてアメリカ政府はオサマ・ビン・ラディン氏の活動拠点でありタリバンへ影響力あるパキスタンに協力要請を行った。

九月一四日。アメリカ政府はオサマ・ビン・ラディン氏の関与を断定し、パキスタンへ軍事行動の協力を要請した。

同日、マラー長官は一八人のハイジャック犯の身元を割り出したと発表する。

九月一六日。米政府はタリバンを非難するとともに、マラー長官が容疑者は一九人でオサマ・ビン・ラディン氏と関わりある人物と発表。

九月一四日。ラムズフェルド米国防長官が第三国の関与を示唆。その中でイラクを名指しする。

九月一六日。オサマ・ビン・ラディン氏が改めて関与を否定する。

九月二〇日。米軍機に展開命令が発動される。タリバン政権はオサマ・ビン・ラディン氏の関与証拠の提示を求める。そして提示がない場合は、引渡しを拒否すると通告する。この時期イラクはテロ関与否定発表。

九月二一日。アメリカは対テロ総力戦を宣言。ＦＢＩは一九人の犯人を公表したが、オサ

便名	出発地	到着地	乗員・乗客数	テロ先	容疑者
アメリカン一一便	ボストン	ロサンゼルス	九二	世界貿易センタービル	サダム・アル・スカミ（UAE） ワリード・M・アルシェフリ ワイル・アルシェフリ モハメド・アタ（エジプト） アブドルアジズ・アルオマリ
ユナイテッド一七五便	ボストン	ロサンゼルス	六五	世界貿易センタービル	マルワン・アルシェヒ ファイズ・アフメド アフメド・アルガムディ ハムザ・アルガムディ モハルド・アルシェフリ
アメリカン七七便	ワシントン	ロサンゼルス	六四	国防総省	ハリド・アルミダル マジド・モケド ナワク・アルハムジ サレム・アルハムジ ハニ・ハンジュル
ユナイテッド九三便	ニューヨーク	サンフランシスコ	四五	ピッツバーグ	サイード・アルガムディ アフメド・アルハズナウィ ジアド・ジャラヒ （乗客の携帯電話によると犯人は三名と連絡していた）

注：国籍のない人はアメリカ在住

マ・ビン・ラディン氏の直接の命令証拠は得ていないと発表。テロ犯人と発表されたサイード・アルガムディ氏およびアブドルアジズ・アルオマリ氏がサウジアラビアおよびチュニジアに生存してテロと関係がないことが報道される。

九月二二日。タリバンへ最後通告。フライシャー米報道官は二〇日のブッシュ大統領の演説で述べたことが証拠であるとアフガンの証拠開示要求を拒否する。アメリカ政府はオサマ・ビン・ラディン氏とテロ実行犯との直接連絡の証拠開示を拒否する。

九月二四日。インドおよびパキスタンに対する経済制裁緩和をアメリカが通告する。EU（欧州連合）でエルンスト・ヴェルテケ独連邦銀総裁が同時テロ前後に金や石油で不可解な取引があり、事件発生を知るものの投機があったと語る。

一〇月一日。アメリカはタリバンからの対話要求を拒否。カード補佐官はタリバン関与の証拠提示も含めいっさいの交渉はしないと発表。

一〇月三日。関与の証拠が日本に開示されたと柳井駐米大使が発表。しかし、その内容は口頭での説明であったこと、従来と変わらない内容であったことを示唆している。また、安倍官房副長官はすべてを総合的に勘案して説得力のある説明と認識している、と述べたが、証拠書類がないことをうかがわせる内容であった。

ロシアはオサマ・ビン・ラディン氏の関与についてこれ以上の証拠はないと発表。しかし、物的証拠の有無は語っていない。

ＮＡＴＯ（北大西洋条約機構）のロバートソン事務総長はオサマ・ビン・ラディン氏が関与した証拠が開示されたことを明らかにするが、証拠の詳細等はいっさい明言しなかった。

一〇月六日。米国防総省は限定的な空爆を検討と発表。

一〇月八日。米軍と英国軍によるアフガニスタン空爆が始まる。

一〇月九日。国連安保理理事会においてアメリカはアフガニスタン以外のテロ支援国家に対しても攻撃を加えると警告発言をする。ブッシュ大統領がテロ活動防止を呼びかける。

一〇月一〇日。ＮＧＯの施設を誤爆して、多数の被害者が生じた。

一一月一日。米軍の爆撃で約一五〇〇人の民間人が犠牲になったとタリバンが発表。

一一月一二日。オサマ・ビン・ラディン氏が再度テロへの関与を否定と英国紙が報道。

一一月二七日。ブッシュ大統領はイラク攻撃を示唆。ついでイラク以外も同様として、イラン、スーダン、イエメン、ソマリアにも拡大することを発表した。

一二月一日。カンダハルの攻防が終結に向かう。オサマ・ビン・ラディン氏の側近を拘束。

一二月二二日。英ロの首相が会談しイラク攻撃の懸念を表明。結婚式典出席の車列を誤爆して六五名を死亡させるが、アメリカ政府はアルカイダに誤爆の責任を転嫁する。

一二月二五日。アフガニスタンでの本格的な軍事行動は終了し、アルカイダおよびタリバンの掃討作戦へと展開していく。

二〇〇二年

五月二九日。ＦＢＩミネアポリス支部が同時テロ犯の手がかりを提出したが、ＦＢＩ本部は黙認したと内部告発があったことを発表。

六月三日。ＣＩＡが同時多発テロ実行犯のうち二人をアルカイダのメンバーと承知したうえで政府やＦＢＩに通知しなかったと公表する。

九月一一日。モハメド・アタ容疑者がテロ実行二年前にオサマ・ビン・ラディン氏と会っていたことが報道される。

二〇〇三年

一月二九日。パキスタン国境に隣接するスピンホルダック近郊で米軍が約八〇人の武装集団と交戦し、少なくとも一八人の戦死者の損失を与えた。

二月二日。国際部隊基地近くで三回にわたりロケット弾が爆発。

二月七日。五日にカンダハルで交戦があり七人が死亡。

二月一三日。アフガン南部のヘルマンド州で米軍の空爆によって一七人が死亡。

二月一八日。治安が再び悪化したことが報道される。

ウルフォウイッツ米国防副長官がアフガンでのアメリカの優先課題は次第に復興に移りつつ

あると語る。

二月二八日。ニューヨーク検視官事務所が、世界貿易センタービルに突っ込んだ旅客機乗っ取り犯の遺体を確認したと発表。


二〇〇一年九月一一日に貿易センタービル、国防総省ならびにピッツバーグ郊外と三ヶ所同時に航空機テロが実行された。このテロ行為は世界に放映され、驚愕のあまり世界の終わりを告げるような雰囲気をかもし出していた。それも地球上で最も優れた軍隊と情報機関をもっているアメリカが狙われたことに驚きを隠せなかった。しかしこの事態を喜ぶ人々がいたのである。第二次大戦以後、人為的な国境を境にして列強国によって無理やり引き裂かれ、民族抗争を繰り返しながら、アメリカからも迫害されている民族である。

同時多発テロが発生した時点でブッシュ大統領は「テロ容疑者のトップにオサマ・ビン・ラディンがいる」と語り、アメリカ政府当局者も「オサマ・ビン・ラディン氏の支持者らがテロ攻撃について話し合っているのを米情報機関が傍受した」と伝えている。ただし、他の組織の可能性も排除しないと語っている。

九月一三日の報道によると、アメリカ捜査当局が容疑者のフロリダ州の住宅や店舗を家宅捜査し、二台の車を手配した。そしてこの住宅に住む四人はオサマ・ビン・ラディン氏の支持者の疑いがあると発表している。さらにＦＢＩは彼らがエジプトおよびサウジアラビアのパスポートを持ち、一部は墜落現場で押収されたと伝えている。ブッシュ大統領は「計画的で多数の死者をだした行為は単なるテロを超えた戦争行為だ」と表明し、パウエル国務長官も「テロ組織による戦争と同じだ」と語っている。同時多発テロを戦争と位置づけたこの言葉は、以後たびたび発せられている。この時、すでにパウエル国務長官はタリバンがオサマ・ビン・ラディン氏を保護していると表明しており、次の戦争相手がアフガニスタンであることを告げているようなものであった。こうした声明は後のイラク攻撃時にも同様に発せられているが、問題が検討される以前に攻撃開始が政権内で既成事実化していたようで興味深い。

ブッシュ政権がテロ首謀者として公表したオサマ・ビン・ラディン氏は今回のテロは米国人グループによる犯行であり、自らは関与していないと語った。タリバンのザイーフ駐パ大使は「アメリカが犯行について公正な証拠を示すなら十分に検討したうえで引き渡す」と表明している。しかし一四日にはテロ首謀者はオサマ・ビン・ラディン氏であり、その関与を断定したコメントをアメリカ政府は発表し、直ちにタリバン政権の支援国であるパキスタン政府に対し、アフガニスタンへの軍事行動の協力を要請した。

この時点で既にブッシュ政権は協議や証拠公開などいっさい考えておらず、軍事力を行使することを第一に打ち出している。これではアフガニスタン政府の意向や要望を無視し、平和的解決なしの武力強行を計画していたようである。

一五日にアメリカ捜査当局はテロ実行犯一八人のうち一六人がオサマ・ビン・ラディン氏の武装組織とつながっていると報道した。この一八人についての発表は、ＦＢＩのマラー長官が前日その身元を割り出したと公表している流れを汲むものである。

一方アフガニスタンのタリバン政権は、政権を支援するパキスタンと協議してオサマ・ビン・ラディン氏の引渡しは国連法廷において行うべきとして、証拠公開のないままの引渡しを拒否した。アメリカは直ちにタリバン政権を非難して、二〇日には軍にアフガニスタンへの展開命令を発している。そして翌二一日には対テロ総力戦宣言を発令して、事実上の戦闘態勢に突入しているのである。さらにタリバン政権に対しては、調停や協議をいっさい行わないことの最後通告を発し戦闘へ突入している。仮にもタリバン政権はアフガニスタンを代表する国家政府である。一国家に対して、国連決議なしで行われる戦闘行為は明らかに国連憲章違反に当たるのではないだろうか。またブッシュ政権はアフガニスタン攻撃の是非を問う以前に、アフガニスタンの反体制勢力である北部同盟と共闘態勢を確立し、反政府打倒の共同行動の検討を行っているのである（反体制派は既にアメリカ国内で軍事訓練を行っていた）。

事件発生後きわめて速やかにテログループの構成員を発表するとともに、アフガニスタン政府（タリバン）とはいっさいの協議をもたず戦争へと駒を進めている。まるで怨念にとりつかれ、そして台本があるようである。この間ブッシュ政権では二二日に「オサマ・ビン・ラディン氏とテロ実行犯の証拠開示を拒否する」と公表している。それに伴いアフガン聖職者会議はオサマ・ビン・ラディン氏の自主的な国外退去を促進することを表明、戦闘がアフガニスタンに及ばないよう平和的な解決を求めたが、ブッシュ政権はこの要望をいっさい聞き入れず空爆を実施する方針を決定したのである。オサマ・ビン・ラディン氏と共同投資会社を設立するほどの友人であったブッシュ大統領が、何ゆえ対話や証拠開示をせず友人の抹殺行為を試みたか疑問が残るのである。

ブッシュ政権の決定に対し、いくつかのイスラム国家が非協力的であった以外、世界は暗黙の了解が生まれていった。事実一部の国々を除き、ほぼアメリカに協力的であった。それに対応するようにアメリカの政府高官が世界を回り説明を行っている。NATOにはウルフォウィッツ国防副長官が証拠説明に派遣されていた。しかしブッシュ大統領が「証拠は機密であり提出しない」と述べ、九月二〇日にフライシャー報道官が「二〇日の大統領演説が証拠である」と語ったように、物的証拠を公開しないまま世界に同調を要求していたのである。

フライシャー報道官の会見の前日、FBIは一九人の容疑者を公表した際に「オサマ・ビン・ラディン氏が直接命令を下した証拠は得ていない」と発表しておきながら、ブッシュ政権は発表と食い違ったまま踏絵を踏ませるようにして世界に協力を求めた。世界の主要な情報機関がイラクとオサマ・ビン・ラディン氏の関係を否定しているように、ブッシュ政権がオサマ・ビン・ラディン氏の指令を確信していたとは考えにくく、疑わしき状況を信頼性のないまま証拠としているのであろう。この証拠説明はNATOばかりでなくロシアや日本にも行われており、ロシアは一〇月三日にアメリカの口頭説明をもって「これ以上の証拠は必要ない」と述べ、アメリカに同調した。一方日本政府は安倍官房副長官が「すべてを総合的に勘案して説得力のある説明と認識している」と語り、アメリカから物的証拠の提示はなく、口頭説明だけであったことを暗示するような発言をしている。

この一連の口頭説明の状況推移に怯えたアフガニスタン政府（タリバン）は米政府に対話の必要性を呼びかけるとともに、オサマ・ビン・ラディン氏のテロ関与の証拠提出を求めたが、一〇月三日にカード補佐官が「ブッシュ大統領が述べた通り、我々は交渉しない」とアメリカ政府の方針を再び語っている。一〇月三日にはフライシャー報道官が「協議も交渉もしない」と語り、証拠開示を拒否したまま戦闘行為に移ることを示した。それはブッシュ政権が国連憲章に定める規定や国際的な規約をいっさい無視する行為に打って出た瞬間である。しかし「テロの重大さ」を後ろ盾に法と秩序を置き去りにするアメリカ流のやり方に疑問を呈した国もある。この状況でも冷静に事の成り行きを見守っていた（アメリカに反対し、あるいは恐れている）イランやエジプト、中国、旧ユーゴスラビアなどはブッシュ政権の行き過ぎた行為を警戒し、その行動に釘をさすようなコメントを発表している。

テロから約一ヶ月後の一〇月六日、米国防総省は限定的な空爆を検討と発表し、翌七日には偵察機による調査を開始して、八日にはアフガニスタン空爆を開始したのである。もちろん空爆に至るまで平和的解決へのプロセスと努力はいっさい行われていない。平和への努力には一滴の汗すら流されていないのである。

これが同時多発テロからアフガニスタン空爆までの経緯である。犯人の割り出しは行われたものの、その整合性がはかられないまま、国連決議なしにアフガニスタンを空爆。テロ事件以前からアフガニスタン反体制派に巨額の資金援助と軍事訓練を行うなど国連憲章との整合性に欠陥があったことは、アメリカが国際条約を反故にし、国連機能を麻痺させている証拠である。この行為が後にイラク攻撃を呼び起こす原因となったのである。そしてアメリカはますます無法国家と化し、世界の脅威となっていくのである。

さて、どのような判断でブッシュ政権はオサマ・ビン・ラディン氏とアフガニスタンを空爆の対象にしたのであろうか。実行犯がいずれかの国家機関に関与していない場合、テロ事件はアメリカと実行犯との関わりに限定された刑事事件であり、ＩＣＰＯ（国際刑事警察機構）の所管となる。刑事事件である以上、これを理由に他国を空爆してはならないことは国際秩序の基本である（ＩＣＰＯ案件を独自に判断して他国を攻撃することが許されるなら、ＩＣＰＯが国際指名手配しているフジモリ前大統領を保護している日本をペルーが空爆してもやむを得ないというようなものである）。

テロ実行犯が潜伏している国に対しては、その身柄を国際的なルールに基づいて引き渡すことが原則である。したがってテロ実行犯とアフガニスタン政権を一体と見なして空爆を行うことなど、あってはならないのである（イラク攻撃でも同じ行為が見られた）。国際秩序を無視して無謀な行為を行うアメリカ政府には何か他の理由があったのではないだろうか。オサマ・ビン・ラディン氏やフセイン大統領を亡き者にしなければ、ブッシュ政権にとって不都合な悪行――オサマ・ビン・ラディン氏の深い関わりや、イラクへの生物化学兵器の供与など――が露呈するのではなかろうかと考えられなくもない。

同時多発テロ以後のアメリカの対応には、次のように多くの疑問がある。

疑問の一番目は、日本では考えられないほどの早さで、あたかも準備していたようにオサマ・ビン・ラディン氏の犯行としたこと。また、実行犯のものとされるパスポートが、どの航空機から押収されたのかという説明のないまま証拠としていること。高層ビル突入の状況から判断して機外および機内の重要証拠類は失われてしまったか、見つかったとしても発表まで数日かかると考えられるが、国防総省やペンシルベニアの墜落現場からどのようにして一八人の実行犯の身元が判明したのか疑問が残る。

疑問の二番目は事件発生からわずか三日間で、国際協力なしに戦争行為に移行するにふさわしい状況が成り立つのか。台本があるのではないかと勘ぐりたくなる。アメリカ政府がオサマ・ビン・ラディン氏の関与を発表した翌日にはパキスタン政府へ軍事協力要請をし、既に戦争行為は既成事実となっている。一般に戦争に至るまでは国連で討議するなど国際協調を前提とするが、いっさいの手順は後回しにして開戦への決定がなされているのである。そしてこの時期イラク攻撃を計画していたことが後に明らかになるなど、あらかじめ戦争行為が組み立てられていたのではなかろうかと考えられる。「イラク攻撃に当たって大量破壊兵器を理由に掲げないと開戦できない」と示唆する発言がイラク戦終結一ヶ月後にブッシュ政権高官から発せられている。この件で今後世界は真実を求めるであろうし、ブッシュ政権はアメリカ議会の追及を受けるであろうことが予測される。

三番目の疑問は何ゆえ証拠の公開が行われなかったのか。証拠開示を受けたという各国政府機関は口頭での説明を受けたようである。日本にも口頭説明による証拠であったことが安倍官房副長官から語られている。ブッシュ大統領の発表が証拠であるとのアメリカ政府の発言に従ったようであるが、国際法に抵触しないのか疑問が残る。この行為は軍国政治を経験している日本国民の多くは脅威に感じるであろう。

なぜ頑固に証拠開示を拒否するのか。「元首が語れば、すなわち証拠」とする本質は、アメリカの女学生がテレビ討論で述べたように「証拠がないから証拠を提示できない」との言葉に凝縮されている。多くの日本人も同じ考えをもっているであろう（中国やフランス、ロシアは武力行使を警戒してイラク開戦に賛成していないことは、真実の情報を得ているのではないかと考えられる。しかしフランスを除きブッシュ政権に対決することを避けて真実を追究しない。いや、できないのではと思えなくもない）。

イラクが大量破壊兵器を製造している証拠として国連に提出された衛星写真も査察委員長によって否定されたように、ブッシュ政権が示す証拠には真実性が乏しく虚実感がぬぐえない。

疑問の四番目は、ブッシュ政権はなぜ、それぞれの国や諜報機関によって異なる実行犯についての情報を照合しなかったのであろうか。アメリカはＣＩＡの偏った情報を根拠に推論しているため、物的証拠に乏しいのである。窮地に陥ったアメリカ政府は、証拠を後付けするように、公表時期がタイムリーでない類似資料を発表している（一九九八年にアルカイダのメンバーがイラクを訪れたという記録を、英国の報道機関が空爆した建物から入手したと発表したが、テロとの因果関係については証明されていない）。

テロ実行犯とされた人のうち、エジプトやサウジアラビアなど一部の人はそれぞれの国で生存が確認されたが、米政府はそれらの国への照会も行っていないし、訂正の会見すらしていないのである（アフガン空爆終了後もイラク攻撃終了後も未発表の状態である）。そして、イラク攻撃後、サウジアラビアはテロ犯の立件資料の公開をブッシュ政権に求めたが、なしのつぶてである。サウジアラビアは汚名を着せられたままである。何ゆえ公表しないのか、アメリカは大国のとるべき態度ではないことを肝に銘ずる必要がある。

疑問の五番目は、北朝鮮とは対話を進めているのに、イラクやタリバンにはなぜ対話を求めないのか。北朝鮮には資源やイスラエルに対する脅威もなく、開戦しても経済効果はなく、在韓米軍に甚大な被害がでることを恐れて対話を重視しているのであろうが、イラクやアフガニスタンは攻撃しやすいから自由気ままに戦争を行うのか。

疑問の六番目は、イラクの核所持は悪で、インドやパキスタンは良いのか。また、イスラエルは密かに所有しているとの報道もあるが、アメリカ政府がいっさい追及しないのはなぜか。

疑問の七番目は、国連決議なしになぜアフガン空爆を急いだのか。国連ではアナン事務総長が「安保理の決議はタリバンを排除することまで正当化していない」と表明している。安全保障理事会の承認なしに国家を攻撃するのは国際法違反である。

疑問の八番目は、国連憲章の自衛権発動では予防的先制攻撃を規制しているが、アメリカのアフガニスタンやイラクに対する爆撃は正にこの予防的先制攻撃である。国際法を無視した世界最強国のアメリカに立ち向かい、身勝手な内政干渉を防止しない限り、正義は不要となり、このままでは世界の破滅が近づいているようである。ただ良識ある欧州の大国が真の正義を主張しているに過ぎない。

疑問の九番目は、テロ支援国家と名指しされた国々は反米国家であるが、それらの国家が脅威となる具体的な説明や証拠は示されていない。特にアメリカの脅威となるテロ犯との結びつきがまったく立証されていないのである。むしろテロとの結びつきが強い国家とアメリカは手を結び、イラク攻撃では同盟国に加えているのである。

疑問の十番目はアフガニスタン空爆を敢行する中で、なぜ早くもイラク攻撃が検討されているのか。イラク開戦は同時テロ実行犯とイラクの関与を前提としている。その証拠が証明されておらず、むしろ各国の諜報機関からイラクの関与が否定されている状況下で、何ゆえイラク攻撃が発言されたのか。三月初旬のテレビ討論で評論家・田中宇《さかい》氏の、イラクとテロの関連が未だ証明されていないとの発言に対して、出席者の誰一人として反論できなかった。それはイラクとテロ犯の結びつきを示す証拠が、イラク攻撃終結後、数ヶ月たっても何一つ報道されず、反論するに十分な情報が存在しないからである。むしろ信頼できる欧米の確かな機関からは、イラクとテロの関わりは否定されているのである。アメリカの証拠発言を基にした日本政府の発表以外、世界でも日本でも、いずこの報道もイラクとの関わりを断定したコメントを発表していない。唯一、アメリカの報道機関の一部が政府からの情報としてコメントしているに過ぎない。

このように多くの疑問を残しつつアフガニスタン戦争が行われた。そしてアフガニスタンの戦闘においてアメリカは、広範囲で殺傷能力のきわめて高いクラスター爆弾や地中深く攻撃する劣化ウラン充填のバンカーバスター爆弾や広い空域を無酸素状態にするデージー・カッター爆弾など国連機関が非難している非人道的な爆弾を投下している。アメリカは数々の国際法を無視して戦争を行っているのである。

先の湾岸戦争でも劣化ウラン弾やピンポイント爆弾と称される破壊力の高い巡航ミサイル等々を実戦に使用、その結果戦闘地域の子供たちに障害がもたらされている。まるで兵器の実験台のような戦争を敢行しているのである。さらにイラク戦争では小型原爆と称される、とてつもなく破壊力を高めたＭＯＡＢ（マザー・オブ・オール・ボムズ＝すべての爆弾の母）爆弾を本国で実験している。戦争抑止の宣伝効果に限った開発ならよいが、このような爆弾が実験を兼ねて使用されるのは問題である。世界史の中で唯一核兵器を用いていることや、従来までのアメリカの戦争手法を検証し判断すると非人道的な武器弾薬が実戦で用いているのは、開発が目的ではなかろうかと考えられる。後述するが、アメリカは世界最大の武器輸出国であり、戦場での実験は武器輸出に欠かせない格好の宣伝となる。湾岸戦争時に実験途中であった武器が継続して研究されていたようで、アフガニスタン爆撃では進化した武器として登場している。

このようにしてアフガニスタンの戦争は始まり、そして終結に向かったのであるが、次のターゲットを求めブッシュ大統領が意図するイラクの開戦へと事態は進行するのである（この推理を章末にて短編小説劇でまとめたのでお楽しみあれ）。

その後アフガニスタンはアメリカが擁立したカルザイ政権によって運営されているが、長期安定は確立されていない。発足時点ではアメリカやアメリカの同盟国の支援を受けた政権は順風に移行したかに見られたが、その後の情勢はタリバン統治時期より混迷をきたし悪化している。イラク攻撃後の現時点において、アフガニスタンでは住民の九〇％の人々はカルザイ政権に反対し混乱を深め、生活の悪化がもたらされている。さらにアメリカ、国連、日本の国旗を同時に焼き、この混乱を作り上げた機関や国々への非難を表明している。また二〇〇三年二月二日には国際部隊基地近傍でロケット弾の爆発があり、七日にはカンダハルで交戦があり七人が死亡。一三日にはヘルマンド州でアメリカの空爆によって一七人が死亡するなど治安が再び悪化して、まるで内戦状況に拡大しつつあるのが現状である。

二月一八日の報道によるとウルフォウイッツ米国防副長官が「アフガンでの我々の優先課題

は次第に復興に移りつつある」と述べている矢先に米軍の空爆が実施されるなど、ブッシュ政権の発表と異なって軍事行動は徐々に拡大の方向に向かっている。未だにアフガニスタン問題は終結を迎えておらず、かつて旧ソ連がアフガニスタンから撤退せざるを得なくなった状況と酷似しているようである。しかし、この中にあってもアメリカ政府はアフガニスタンの石油利権を確保しているのである。だがカルザイ政権崩壊とともに再び失うのではないかと推測され、この時またアメリカの戦いが本格的にはじまるのであろうか。

炭疽菌事件の流れ

同時多発テロ事件の発生後、航空機テロ実行犯の家宅捜査時に微量の炭疽菌が発見されたと報道されている（CNN）。その後CNNのニュース番組は、航空機テロ事件の数日前に犯人の住宅の近所の薬局で「炭疽菌と思われる薬品に侵されて手を白くした人物」が薬を買い求めたとも報道している。そして同時多発テロ後、アメリカ政府高官は生物化学テロが近日中に発生するであろうと警告している。しかし待ってほしい。死亡した被害者たちは、ごく少量の炭疽菌が付着した封筒に触れるだけで発病しているのである。CNNの報道に見られたように薬局に現れた人物が実行犯なら、炭疽菌を衣服や体に付着させながら薬局やスーパー、食堂や市場そして航空学校などに出向いていると考えられる。だとしたら家宅捜査を行った捜査官や薬局の店員など、テロ実行犯に接触した多くの人々が炭疽菌に侵されて発病したと考えられるが、そうした報道が何もないのは何故か。大きな疑問が残る。最も重大なことは、捜査官はどうやって手に触れずに微量の炭疽菌を発見・収集できたのであろう。麻薬と勘違いして触れる可能性が高いのではないか。初めから炭疽菌と知っていたと考えられないこともない。

そして高層ビルに民間航空機が激突するという前代未聞の重大局面を迎えた時期に、何ゆえブッシュ政権は化学テロ、なかでも炭疽菌によるテロが起こると事前に察知し具体的に発表したのだろうか？　この「なぜ」という疑問が「どうして」「何かあるのでは」という深い疑問に移行していったのである。この一連の流れは、ブッシュ政権がいわゆる「やらせ」を行っていたのではないかという考えに至るのである。最終結論は得られていないが、炭疽菌は軍の研究所のものであったことから、軍関係者やCIA等の諜報機関の関与が高いことが裏づけられていくのである。

ブッシュ政権は、テロ後すばやくアフガニスタンの次はイラク攻撃が必要と表明している。イラク攻撃の理由に大量破壊兵器と生物化学兵器をあげ、炭疽菌による攻撃が考えられることを明確に表現しているのであろう。これは九月一七日の、オサマ・ビン・ラディン氏支持者がサリン散布の計画を持っているとの英国からの報道とリンクする。

同時多発テロ発生から約三週間がたち、一〇月五日にフロリダ州で炭疽菌患者が見つかったと報道され、そしてトンプソン厚生長官は「テロとの因果関係に結びつけるものはない」と発言している。しかし、それ以前の九月二九日にブッシュ政権のアシュクロフト司法長官はインターネットで「ハイジャック犯が毒物免許を持っている」ことを発表し、テレビや大衆紙は炭疽菌やサリンの兵器の使用による対処方法を丹念に報道している。

かつてイラクを対イランの防御国家として活用したアメリカは、イラン・イラク戦争時、イラクに通常兵器の他にミサイルや炭疽菌を含む生物化学兵器を供与し、その保管と利用の技術指導はＣＩＡが担当した。その後アメリカはイラクとの関係を失い、情報の把握が困難になった。しかしブッシュ大統領はＣＩＡが化学兵器を装備させた経緯とその後の成り行きを憂慮してイラクへの不信を募らせたのであろう。そしてこの化学兵器装備の実態こそがイラク攻撃の根拠とするにふさわしいと判断したのではなかろうか。さらに世界の目が同時多発テロに向いている九月一九日の時点で、すでにラムズフェルド国防長官は第三国の関与があると指摘し、イラクを名指ししているのである。この時からイラク攻撃のシナリオが練られていたものと考えられる。そしてＣＩＡが供与した数々の武器や化学兵器が脅威となるという開戦理由を考えたのではなかろうか。いや、むしろ信憑性が高いのは、「米軍が供与した生物化学兵器がクルド人弾圧で用いられたという事実」を隠蔽するために、イラクの生物化学兵器の恐怖を宣伝しているのかも知れない。

フセイン大統領とは宗教をめぐって敵対していたオサマ・ビン・ラディン氏と共同して、フセイン抹殺計画を練り上げたのではなかろうか。もしやオサマ・ビン・ラディン氏とブッシュ大統領は通じているのではなかろうか（同時多発テロ後すでにイラクへの攻撃が練られていたことはニューステーションやNHKの特別番組でも報道されており、信憑性が高い。フセイン大統領とオサマ・ビン・ラディン氏の確執は別項で記したとおりである）。

しかしながら、テロ実行犯とイラクの結びつきの証拠は得られず、オサマ・ビン・ラディン氏とテロ実行犯との結びつきもアフガン攻撃が終了した今でも実証されていないのが現実である。ましてや、イラクとオサマ・ビン・ラディン氏やタリバンとの関係は、人的交流や金融や資金の流れからも証明されていない。こうした状況下、フロリダ州で一〇月九日に二人目の炭疽菌患者が発見された。直ちにブッシュ大統領はテロ活動防止を呼びかけるとともに、国連安保理理事会ではアフガニスタン以外のテロ支援国家およびテロ放置国家を対象にテロ撲滅に対する努力を求めた。中でもイエメンには強く求める演説をした。テロ撲滅を求められたり、警告を受けた国々はすべて反米を標榜するイスラム国家であったことは近年アメリカが行う戦争の特殊性を表しているようである。

炭疽菌事件はその後の一〇月一〇日に「今後さらにテロが起こる可能性は一〇〇％である」

とFBIならびにCIAが国会議員に説明した。そのことが報道機関に漏れブッシュ大統領がFBIとCIAを激怒したことが報道されている。一一日には犯罪性が高いとFBIは捜査を開始した（テロとの関連の証拠はないとFBIは発表している）。その結果、事件に用いられた炭疽菌の胞子はアイオワ州の米軍の研究所で五〇年前から扱われた国防総省所有の炭疽菌と一致すると公表された。

一方FBIでは一二日に数日内に新たなテロが発生すると再度警告している。そして一三日にニューヨークで炭疽菌の感染者が発見された。しかし一五日にトンプソン厚生長官は、バイオテロであるがオサマ・ビン・ラディン氏との関わりは不明とし、テロ犯罪であるようなないような発表がめまぐるしく変化しながら行われている。

だが、次の一六日には、またもやブッシュ大統領が炭疽菌とテロは関わりがあると述べているのである（厚生省がテロと関係ないと報道すると、すぐさまブッシュ大統領がテロと関わりがあると訂正している。二度続くと何かいわくありげである）。この時点で調査機関とブッシュ大統領の間に見解の相違が見られ、大統領側近に真実を捻じ曲げようとする方針が見え隠れする。さらに追いうちをかけるように、UNSCOM（国連大量破壊兵器廃棄特別委員会）のバトラー査察委員長がエジプトの情報として、テロ実行犯と称されるモハメド・アタ容疑者がチェコのプラハで少量の炭疽菌をイラク人から渡されたと証言した。しかし、このバトラー査察委員長は国連から依頼された査察委員会の調査結果をアメリカの機関（ＦＢＩやＣＩＡ）に提出するよう査察委員に指示し（実際に提出された）、査察委員からアメリカのスパイと非難された人物である。このバトラー委員長はイラク攻撃後も大量破壊兵器があると再度表明するが大きく取り上げられることもなく、第一線から落後していった。それは各国から選ばれた現場担当の査察委員の発言とあまりに食い違い、ブッシュ政権のための発言に終止していると判断されたからと考えられる。

一一月一日、アメリカ議会院内総務宛の封筒の炭疽菌はスプーン一杯分と発表された。さらに一一月三日にはパキスタンとインドに炭疽菌が送付されたことが報道された。また、ドイツで発見されて、一連の炭疽菌事件がいかなる目的かと疑惑を呼んだのである。ついでリトアニア米大使館でも、ごく少量の炭疽菌が検出された。一一月五日、ＮＢＣから送付された小包みに炭疽菌の付着ありと発表された。次々と矢継ぎ早に炭疽菌が検出されているが、その発見現場はいずれもがアメリカの関連施設であり、すでに化学テロに対する警戒と取り組みが十分である施設であることに疑惑は深まっていくのである。

一一月二一日にはコネチカット州の九〇歳の女性が肺炭疽菌であると診断され、その後死亡した。炭疽菌による初めての死者が出た。

だが炭疽菌の事件はカブール陥落と相俟って沈静化していった。そして一二月一八日にフライシャー報道官が一連の炭疽菌事件に使われた胞子の出所はアメリカ国内の施設である公算が大きいと発表するに至ったのである（この施設はアイオワ州の米軍の研究所と既に報道された通りである）。さらに生物兵器の研究に従事した米軍関係者を中心に捜査中と発表された。そしてこの発表以後、炭疽菌事件はいっさいの報道がされなくなったのである。何ゆえ軍の関係者の調査結果が報道されないのか？　何ゆえ確たる物的状況を説明しないのか？　何ゆえアメリカは不利な状況を提示されたとき「調査中」として口を封じていくのか？　このような行為がイラク攻撃中も攻撃後も随所に見られることになるのである。

炭疽菌事件では、ＦＢＩが数日内にテロが発生することを警告した二日後にニューヨークで最初の感染者が発見され、いち早くブッシュ大統領がテロとの関わりを発表し、さらに翌日にはバトラー委員長がイラク人よりテロ実行犯に炭疽菌が渡ったという情報を述べている。そして次々に海外のアメリカの関連施設や大使館で炭疽菌が発見されているのである。

この一連の流れは、まるで台本でもあるかのように展開している。そして世界に広がるオサマ・ビン・ラディン氏の行動を意識するように世界で起こって、事件が報道されている。しかし、炭疽菌の胞子が米軍の生物化学兵器研究所から流出していることが最終確認されてから、いっさいの流れが長い闇の中に潜み停止してしまったようである。

だが、また、炭疽菌が主役に躍り出たのである。パウエル国務長官がイラク問題を討議する国連安全保障理事会の席において自ら白い粉のサンプルをかざしながら生物化学兵器や炭疽菌の恐ろしさを示したくだりは、アメリカで発生した炭疽菌事件とイラクが関わっているように解説していた。しかしすべての炭疽菌はアメリカの軍事施設からばら撒かれていることを忘れ、ブッシュ大統領の浅知恵にしたがってそのまま説明したようなパウエル国務長官は悲劇の王子様のごとく哀れな姿を晒したのである。前記の通り一連の炭疽菌は米軍の施設の保管物で、他の国家や団体のものでないことが科学的にアメリカ政府機関によって証明、発表されている。パウエル国務長官が白い粉のサンプルをかざして力説した翌々日には、それを裏づけるようにコネチカット州で炭疽菌に侵されて死亡した老人の遺族がアメリカの軍事研究所の犯行であると政府機関を提訴していることがCNNで報道されている。この提訴はそのまま裁判事件へと移行するはずだが、その後詳細はまたもや明らかにされていない。

同様に「イラクの証拠隠滅行為に当たらず、イラク代表が述べた通り日常行為の一環に過ぎない」と国連監視検証査察委員会（UNMOVIC）委員長に衛星写真の証拠を否定されたときのパウエル国務長官は、安保理の席上で憮然とした表情を浮かべていた。パウエル国務長官は根っからの軍人で、正義感あふれる正直者といわれるが、その彼をブッシュ大統領は人形のごとく操っているように見える。しかし、パウエル国務長官もブッシュ大統領も、事実を歪曲せず検証し、説得するに足る資料と証拠をもって国連で対処していたならば、アメリカのイラク攻撃は速やかに世界の支持を受けていたと思われるが残念である。

炭疽菌事件以外のテロ事件でもオサマ・ビン・ラディン氏の関与は確たる証拠が公開されていない。しかし関与があるものと考えられるのが一般的である。だが未だ立証されておらず推測が証拠として一人歩きしている。テロ犯とイラクの関与を示す証拠は如何なる国や機関からも発表されないばかりか、否定に近い見解がヨーロッパの権威ある情報機関を始め数ヶ国から発表されている事実は重要である。ブッシュ政権ならびに日本政府を含む数ヶ国のみが未だに信じているに過ぎないのである。いや立場上そうしているのであろう。

二〇〇三年四月二三日のAP通信によると、またもや「白い粉」騒動が持ち上がった。アメリカ西海岸のワシントン州タコマにある郵便配送センターで複数の封筒から白い粉が見つかり、生物化学反応が出たとされ、ボツリヌス菌ではないかと疑われたが、その後無害であったことが報道されている。同時テロの最終報告が行われないまま、国民の恐怖心を再度煽るような行為が行われているものと考えられる。ブッシュ政権は、炭疽菌の出所が米軍の軍事研究所であったことで米軍の関係者の調査結果を約束に従い報告すべきである。その調査発表がない場合、白い粉はまたブッシュ政権の陰謀と判断せざるを得ないのである。

イラクへの攻撃方針は同時テロ後、すでにブッシュ大統領とその側近の間では既成事実として構想化されていた。湾岸戦争の延長上にイラク攻撃が継続されていることを踏まえて、検証していこうと考えている。

九月一九日。ラムズフェルド長官は同時多発テロに第三国の関与があると言及した。

【疑問一】 テロ被害からわずか一週間後に過ぎない時点で、第三国がイラクであると示唆する発言の報道があったことは、イラク攻撃が事前に検討されていたことを窺わせる。

一一月七日。対テロ対策の次の標的をイラクにも拡大するとブッシュ大統領は発言する。

【疑問二】 この発言から遡った二〇〇二年六月一二日の報道によると、イラク反体制組織にブッシュ政権は一〇億円の支援を行い、反体制派の兵士をアメリカ本土に招致しブッシュ大統領直轄のＣＩＡを動員して、その指導のもとに軍事訓練を行っている。したがってイラクの如何にかかわらず攻撃の準備が進められていたことになるのではないか。

イラクへの攻撃は新たに始まったことではない。湾岸戦争以来イラクの北部と南部の広範囲な地域（国土の約半分）を飛行禁止区域に設定し、イラクの軍事施設や軍事行動が確認できたときや、あるいは米英の戦闘機がレーダー照射されたときにはこれを敵対行為と見なし、週に一回から二回程度（ないときもある）の空爆を行っていたのである。

しかし、アメリカは再度本格的にイラク攻撃を行う条件づくりを必要としていたのである。本格的に介入するにはアメリカでのテロ事件を活用してアルカイダとの関係や核兵器製造、大量破壊兵器ならびに炭疽菌の保有などを持ち出して国連に働きかけるしかない。そして湾岸戦争以後からはじまったＵＮＳＣＯＭの活動と委員会を指揮する委員長にはアメリカの求めるイラク攻撃にお墨付きを与えることに協力的で、従順かつＣＩＡやＦＢＩにも協力する人物を指名していた。つまり前回のバトラー委員長のような人物をブッシュ大統領は望んでいたのである。だが今回のＵＮＭＯＶＩＣブリックス査察委員長は、アメリカの意向より国連の機関を預かる者として真実を優先したことによって、ブッシュ政権はイラク攻撃の正当性を位置づけるのに苦慮したのである。その結果ブッシュ大統領は「証拠提示のしにくい疑惑」を最大限に解明すべきであると変更していったのである。この流れを念頭に置きつつイラク攻撃を解読すると、戦争の本質が理解できるものと考える（この証明しづらい疑惑の論調を同盟国の代表がフルに利用したのである。日本政府も同様に終始した答弁を繰り返している）。

二〇〇二年四月二四日。アメリカが中心になって、イラクの査察を進めようとするＯＰＣＷ（化学兵器禁止機関）ブスタニ事務局長の解任を強要し、さらなる難問を持ちかけた。

【疑問三】 イラク攻撃は国連の反対を受けてでも実行する方針が見られるのに、なぜ国連は強く調査できなかったのであろうか。

五月二七日。シラク大統領と会談したブッシュ大統領は、イラクのフセイン政権の対処について戦争計画はないと発言する（その後ブッシュ大統領の嘘が露見するのである）。

六月一二日。ブッシュ政権はイラク反体制派に一〇億円の支援を行う。

七月六日。米中央軍のフランクス司令官が、ブッシュ大統領にイラク攻撃の計画説明を行っている。この計画は二ヶ月前から実施されていると報道された。二ヶ月前ブッシュ大統領は、シラク大統領との会談の中でイラクに対し戦争は行わないと言明している。

ブッシュ政権はフランスにイラク攻撃の構想はないと首脳会議で話す一方で、イラク戦争のシナリオを着々と策定するという二枚舌外交を行っていたことになる。この二枚舌外交が、フランスのイラク戦争反対の原因となったように思える。

この時期、ブレア英国首相はイラクの査察対応に不満を述べている。しかし「軍事行動は決断する前に考えなくてはならない」とイラクへの即日攻撃をいさめる発言をしている（七月二六日）。ヨーロッパ各国は開戦強硬論のブッシュ政権に対して慎重な姿勢を示した。

八月に入るとアメリカは一〇月後半に控えた上院の中間選挙の準備（選挙の二ヶ月前）に入った。そして、この中間選挙とイラク攻撃がなぜかリンクしてくるのである。

八月二七日。チェイニー副大統領は、イラクが核武装する前に軍事行動を起こすべきだと述べる。この談話以降、イラク攻撃の準備計画が進められていく。そして徐々に軍の輸送計画が練られていった。そして九月二四日、イラク攻撃のため周辺各国に米軍の配備が本格的に始まったのである。このチェイニー副大統領の発言を具現化するために、CIAによる大量破壊兵器疑惑の捏造が画策されていったのであろう。

開戦に際して、アメリカは「テロとイラクを結びつける」ことが国民をたやすく団結させる唯一の方法と判断し「テロ支援国家イラクによる脅威論」を強調し戦争の正当性を主張していった。しかし各国はこれを「なすりつけ」と見破り、アメリカに追従していない。そしてブッシュ政権の意図と一致しない事実や情報が明らかになり、この方法では説得が困難と見るや「核の保有」「大量破壊兵器の隠匿」を掲げ、「アメリカへの脅威」を振りかざしながら開戦の正当性を主張するようになっていった。

しかし、国連安全保障理事会では、IAEAの核査察委員長によってイラクには「核の保有や開発能力」はないと否定され、大量破壊兵器の隠匿疑惑行為として説明した衛星写真の証拠もUNMOVIC委員長によって否定されるに至って、アメリカの主張は信憑性を剥ぎ取られていった。それは大量破壊兵器や生物化学兵器の疑惑を灰色にしたまま、不明確に国連を説得しなくてはならない状況に推移していたのである。特にテロとイラクの関わりについては矛盾が指摘され、ブッシュ政権が目指す正当性は確実に崩れていった。それにもひるまずブッシュ政権は、アメリカがイラクに供与し、そして指導、所有させていた事実に基づき「大量破壊兵器や生物化学兵器の所有が以前にあった」ことをもって継続的に所有ありと提起し、隠匿ならびに調査の妨害をしているというお題目をかかげながら、立証しづらい灰色の「隠匿の嫌疑」を提起したのである（あることは立証できても、ないことの立証は至難の技である）。また、民衆迫害等を前面に押し立てながらフセイン大統領の悪行をつらつら述べ、政権そのものの打倒を主張していった。

この流れの中でブッシュ大統領はイラクとテロとの関連の物的証拠を開示することなく、灰色のままイラク攻撃を強行し、そのため真実を曲げ秘密性を高めていったのである。この行為に対してテレビ学生討論でアメリカの高校生が「ブッシュ大統領が市民と対話しないのは証拠がないからである」と率直な意見を述べる場面もあった。このようにイラクの隠匿疑惑とともにブッシュ政権の捏造疑惑も同時進行していたのである。しかし同盟国は強いアメリカに屈するように、数々の疑惑を容認していったのである。

一方、英国のブレア首相は市民討論を行っているが、開戦にいたる証拠を明確に示すことができずに、アメリカの意のままに大量破壊兵器の脅威のみを訴えたために窮地に追いやられ、首相としての適性まで疑われた。しかし、ブレア首相はイラク攻撃が速やかに終結したことによって非難を免れた。だが、そもそも大量破壊兵器疑惑は捏造された情報であり、米英議会が疑惑解明に動き始めた以上、窮地に陥る可能性が極めて高いのである。

もはや「正義や正当性」はまったく必要でなく、また、国連の信義も権威も必要としない、ブッシュ政権の凝り固まった理論のみが一人歩きした戦争であることが理解いただけるものと思う。しかし、米国民の多くはテロで傷ついた心で、テロ支援国家イラクに対する報復戦争の正当性を未だ信じている。そしてブッシュ政権が利権確保のためにアラブの支配を目指した新保守集団であることを見抜けないまま、理論なしにイラク攻撃を承認していったのである。それを演出したのはブッシュ政権を支える新保守派（ネオ・コンサバティブ）と呼ばれる集団であり、彼らの意のままに操られているのである。

かつてブッシュ大統領の教鞭をとっていた教授が語るように、または新保守派や取り巻き連中の石油利権のため、兵器弾薬の在庫一掃セールを図るため、そして父親の遺恨を晴らすために戦争を仕掛けるなら、ブッシュ大統領は多くの人々が感じているように本当の「バカ大統領」である。しかし世界経済の後退を演出し、約一〇〇〇兆円とも言われる政府累積債務等を清算するためのイラク攻撃なら、さらに戦費の負担を同盟国（特に日本）に求め武器弾薬の製造費に当て国内の兵器産業の活性化を画策しているなら、なんと恐ろしく「頭のよい大統領」であろうか。そして攻撃されるイラクはなんと運の悪い国であろうか。

現にブッシュ政権は、イラク復興事業のうち、油田消火とその後の整備をチェイニー副大統領が役員をする石油開発会社に発注し、さらに空港、道路、上下水道などのインフラ整備事業を、シュルツ元国務長官やワインバーガー元国防長官などが役員をするベクテル社に八〇〇億ドル（約九兆六〇〇〇億円）で発注している。その資金はイラクの石油の売却益でまかなうと発表している。現に戦後、アメリカ国内の軍需産業の収益が軒並み回復したのである。そしてイラクに約一六兆円残るとされる対外債務について、日本やフランス、ロシアおよび湾岸諸国等の債権国に帳消しを求めているのである。それは各国への債務を石油で支払う義務を帳消しにして、アメリカの負担となった戦費の徴収が有利にそして確実に運べる利点を考慮したのであろう。このことは大統領選挙を控えたブッシュ氏には欠かすことができない甘い汁なのである。

このようにアメリカの利権のための戦争であったことが明らかになり、開戦理由が世界に対する脅威であったことがまったく忘れられたまま、「世界を混乱に導く戦争」は起きたのである。様々な疑問を解消できないまま、アメリカの思うとおりの状況ができあがったのである。

日本でもその疑問は多くの報道機関や国民がもっており、アメリカの利権のための戦争であることが知れ渡っている。そしてこの戦争に同調した日本政府は日本国憲法や日米安保条約の制限を知りつつ、自衛隊を派遣している。

日米同盟による共同行動の義務を定めた重要な日米安保条約の三条から七条には「極東地域

での二国の脅威は合同で対処するよう定め協議する」との条文があるが、協議の必要が記載されているにすぎない。そして橋本総理時代に地位協定の変更はあったが、日米安保同盟の基本が変更された経緯はないことから、極東地域や日本の経済水域内の日本と米軍に対する脅威は共有することが定められているものの、九・一一テロのように極東以遠のアメリカ本土の脅威は、たとえ同盟国であっても日米安保同盟に基づく協議や防衛施設の運営ならびに軍事行使は行ってはいけないのであり、日米同盟の範囲外に属するのである。ましてや防衛装備を用いていかなる行動も行ってはいけないのである。

故に小泉首相が示す「日米同盟によって米軍の支援を行う」ことは精神論においては「いかなること」も抵触しないが、極東外であるアメリカの脅威を基に自衛隊が行動するための法の根拠は皆無である。九・一一テロをブッシュ大統領もチェイニー副大統領そして閣僚たちも「戦争」と定義したうえで軍事行動を起こしていることに鑑みればアフガニスタン爆撃やイラク攻撃にかかわる後方支援のすべてが戦争行為に当たり、憲法違反や日米同盟の違法行為と判断できるのである。さらに、日米安保条約は憲法上の規定の外に国際連合憲章第五一条に従うと記されていることから、日本国憲法第九条や国連憲章に鑑み日本国の憲法を改正せずには派遣すらできない法の下におかれているのである。

さらに日米安保条約の定める極東の範囲とは、辞書によると「東アジア地域」を示し、インド洋やペルシャ湾ならびに太平洋のアメリカ経済水域に達した区域は含まれない。そして同区域でのいかなる脅威にも対処はできず、国連憲章第五一条の自衛権の行使を行えるのは、敵対する者から「武力行使が発生した時」と明記されており、予防的な先制攻撃は国連憲章の定めるところでない。日米安全保障条約については、集団自衛権に基づく行動は国連安全保障理事会に報告する必要があるが、日本国が報告したとの報道はいっさいなく、仮に報告なしで自衛艦を派遣すれば国連憲章第五一条に違反するものと考えられる。

日米安保条約（日本国とアメリカとの間の相互協力および安全保障条約）ではいかなる部分が違反になるのかを検証すると次のようである。

同盟国の定義……安全保障条約にて定められる米日の二国間は同盟国であることは疑いない事実であり、小泉首相の示す点はもっともである。ただし、この同盟国が日米安全保障条約を指して述べられていたなら（他にアメリカとの同盟を示す根拠はないが）、同盟がおよぶ地理的範囲は極東であり、当該区域外のペルシャ湾はその適用状況が問題となる。

日米同盟の地理的範囲……安保条約には共有する範囲を極東と明記しており、この区域を越えての活動はあってはならない。

行動を起こす状況……国連憲章第五一条による武力攻撃があった場合と定められており、正しい物的証拠がある場合行動を起こせるが（アルカイダに対しては九・一一テロを基にアメリカは同盟国の行動を求められる）、アフガニスタンやイラクのように隠蔽行為のみで武力攻撃を起こしていない国家に対しては適用できないのである。

国連安保理の決議……アルカイダの攻撃と違い安全保障理事会がイラク攻撃に反対する常任理事国の同意や多数決による理事会の承認ない場合に日米同盟は発動してはならない。

国連の承認……日米安全保障条約の発動には、国連安全保障理事会に報告しなくてはならないが、イラク問題は紛糾しているため日本の正式な行動報告を受けた議長国はないものと考えられる。仮に日本がイラク攻撃の同盟行動報告を受けた場合、安全保障理事会はアメリカの攻撃承認を行ったも同然であり、日本の行動承認の受理は考えられないことである。

憲法論議……自衛権のみを有する日本国憲法第九条の戦争放棄に照らし合わせると、イラク攻撃を前提とする戦争行為に加担する行為（艦艇の給油など）は憲法違反である。

隠匿による攻撃……いかなる兵器の隠匿があっても現行の国連憲章では経済制裁などのほか武力攻撃を行ってはならないのである。

このように多くの国連憲章、日本国憲法、日米同盟の違法行為が生じているのである。また、いかなる理由であれ、同盟という立場で極東以外の区域での戦争行為に自衛隊装備をもって参加・追従してはならないのである。後方支援（イラク攻撃では給油支援を行った）や医療支援なり戦争の一方に加担する交戦行為の延長上にある行動は日本国憲法や日米安保条約ならびに国連憲章違反となるのである。

しかし、日米の協力関係を鑑み精神的な同意は山ほどしてもよく、小泉首相は日米同盟に対して大変すばらしい発言をしている。だが、国民や国会に対してあまりにも説明不足で不誠実である。首相は憲法や日米同盟、国連憲章を知らなすぎるのではないか。もし十分に熟知した上であれば犯罪性が高いといえる。会見でも憲章や条約を考察して判断したような答弁が見うけられないのは残念である。経済政策も同様で、市民と直接会話できないブッシュ大統領と似た者同士であり、なんておろかで悲しい首相かと唖然とするほどである。さらにブッシュ大統領の発言にも名言がなく、大統領に賛成する軍関係者の前でだけ演説しているように、悪童が自己表現しているようなおぞましい行為が随所に見られる。

一方小泉首相はアルカイダを攻撃した時のような明快な発言をせず、どこにもアフガン国家やイラク国家を攻撃する正しい理論については一言も発しないまま、ただ「同盟だから」と繰り返すばかりである。一連の世界の憲章を理解しないまま発言するため、根拠のない表明が繰り返されて明快な回答ができないものと考えられる。つまりは勉強不足なのだろう。ただ、北朝鮮は隣国の問題であり、直接日本と関わりが生じるから、的確な状況判断が行えると思うが、今のところはっきりとした理念が感じられないのは残念である。

国連憲章第五一条

憲章番号	条文
第五一条（自衛権）	この憲章のいかなる規定も、国際連合加盟国に対して武力攻撃が発生した場合には、安全保障理事会が国際の平和及び安全の維持に必要な措置をとるまでの間、個別的又は集団的自衛の固有の権利を害するものではない。この自衛権の行使に当って加盟国がとった措置は、直ちに安全保障理事会に報告しなければならない。また、この措置は、安全保障理事会が国際の平和及び安全の維持又は回復のために必要と認める行動をいつでもとるこの憲章に基く権能及び責任に対しては、いかなる影響も及ぼすものでない。

日本国憲法

第二章 第九条	条文
戦争放棄、戦力及び交戦権の否認	㈠ 日本国民は、正義と秩序を基調とする国際平和を誠実に希求し、国権の発動たる戦争と、武力による威嚇又は武力の行使は、国際紛争を解決する手段としては、永久にこれを放棄する。 ㈡ 前項の目的を達するため、陸海空軍その他の戦力は、これを保持しない。国の交戦権は、これを認めない。

日米安保条約の概要

条約番号	条約の主なる文章

第三条	締約国は、個別的に及び相互に協力して、継続的かつ効果的な自助及び相互援助により、武力攻撃に抵抗するそれぞれの能力を、憲法上の規定に従うことを条件として、維持、発展させる。
第四条	締約国は、この条約の実施に関して随時協議し、また、日本国の安全又は極東における国際の平和及び安全に対する脅威が生じたときはいつでも、いずれか一方の締約国の要請により協議する。
第五条	各締約国は、日本国の施政の下にある領域における、いずれか一方に対する武力攻撃が、自国の平和及び安全を危うくするものであることを認め、自国の憲法上の規定及び手続に従って共通の危険に対処するように行動することを宣言する。 前記の武力攻撃及びその結果として執った全ての措置は、国際連合憲章第五一条の規定に従って直ちに国際連合安全保障理事会に報告しなければならない。その措置は、安全保障理事会が国際の平和及び安全を回復し及び維持するために必要な措置を執ったときは、終止しなければならない。
第六条	日本国の安全に寄与し、並びに極東における国際の平和及び安全の維持に寄与するため、アメリカ合衆国は、その陸軍、空軍及び海軍が日本国において施設及び区域を使用することを許される。 前記の施設及び区域の使用並びに日本国における合衆国軍隊の地位は、一九五二年二月二八日に東京で署名された日本国とアメリカ合衆国との間の安全保障条約第三条に基く行政協定（改正を含む）に代わる別個の協定及び合意される他の取極により規律される。
第七条	この条約は、国際連合憲章に基づく締約国の権利及び義務又は国際の平和及び安全を維持する国際連合の責任に対しては、どのような影響も及ぼすものではなく、また、及ぼすものと解釈してはならない。

イラクの査察とブリックス委員長の国連説明

三月七日国連安保理理事会における国連監視検証査察委員会のブリックス委員長の説明は次のとおりである。

イラクに査察協力の改善が見られる。しかしまだ不完全である。情報源（アメリカなどと思われる）からの資料を基に調査した結果、そのとおりでなかった。そこでレーダー探査や航空機探査を試みたが、情報による施設はなかった。化学兵器はレーダー探査を行っても存在は確認できなかったが、イラクの協議は不十分である。イラクはミサイル破棄などを通じて協力している。

この報告を受けたパウエル国務長官は、「今回の委員長発表まで、イラクは査察に対して十分に対処していない」と語っている。しかし、今回の委員長説明がアメリカに都合悪く、さらに徐々にではあるがイラクが査察に応じて規制以上の能力を有するミサイルなどの廃棄を行う流れを見せると、アメリカ政府は一転して「イラクは無条件に査察に応じていない」との表現で査察のハードルを高めていった。イラクがミサイルを小出しに廃棄するのは、ミサイルを破棄したとたん総攻撃を受けるという「理由」が存在する。それはイラクが問題をひとつクリアすると、ハードルをひとつ上げて次なる問題を提示して、戦争の防止を頭から考えていないようなアメリカの態度が随所に見られるからだ。まるで戦争の回避は不可能と表現されているようだ。事実その頃のイラクは米軍に包囲され、臨戦態勢にあった。大坂冬の陣に敗れた豊臣家が外堀を埋めさせられた状況と同じく、いかなる努力をしても攻撃されることが明白の場合、誰が武器を廃棄するだろうか（ブッシュ政権はいかなる事態でもイラク攻撃を仕掛け、米兵の安全のためミサイル等を廃棄させる算段であったのであろう）。

査察の要求を満たしたなら包囲を解き、平和を提供する約束があれば応じるのが常識だが、ブッシュ政権は査察のハードルを高め、アメリカの都合に合わせることで確実に湾岸戦争の再来に向けたのである。この方針はUNSCOM査察委員会の時にも行っている。「戦争を仕掛けやすいようにイラクの不備を演出せよ」とアメリカからの査察委員に指示を与えていた事例を参考にしたのであろう。だが無理難題を押しつけた開戦のストーリーが崩れ去ると疑惑の枠を広げ、次なる疑惑がクリアされると、次なる疑惑へと拡大して事態の収束を意識的に崩壊させるように導いていたのである。

ブリックス委員長の報告によると、イラクの平和は目前であったが、アメリカによって進行が止められたようである。イラク開戦後、なぜアメリカがイラクの平和を望まないかアメリカ政府の人事構成によって明らかにされた報道が見られるようになるだろう。

さて、この節の末尾に国連安全保障理事会決議の翻訳文を短く編集（文字はそのまま記載）しておくが、この文面からイラク攻撃を正当化する根拠が読み取れるであろうか。いかなる解釈や偏見でも不可能である。小泉首相や側近達はいかなる解読を行い開戦あるべしと読み取ったのだろうか。小泉政権を擁護・支援する著名人や政治家はイラク攻撃を正当化する根拠が条文のどこにあるのかを示すべきである。

一九九〇年、安全保障理事会はイラクのクウェート侵攻を糾弾して決議六六〇号から決議六七八号を採択し、一九九一年一月一五日までに履行しない場合は必要なすべての手段をとることを決議している。その決議をイラクは履行しなかった。その結果一月一七日に「砂漠の嵐」作戦が敢行され、湾岸戦争が勃発したのである。したがって砂漠の嵐作戦を実施した時点で決議六七八号までは戦争行為によって完結したものと扱われる。それゆえの湾岸戦争であり、その遂行のための決議である。

湾岸戦争は一九九一年二月二七日に、イラクがすべての決議を受諾し終結したのである。国連決議の受諾に基づく終戦である。その後の四月三日安全保障理事会は湾岸戦争終結のため決議六八七号の正式な停戦条件を提示した。そして四月六日イラクは決議六八七号を受諾し、前項までの決議文は死文となったのである。これ以後決議六八七号がイラクの履行すべき国連決議となった（それによって以前の国連決議は完結したものと解釈すべきであり、以後これまでの決議は廃棄されたのも同然である。この判断は日本がポツダム宣言を受け入れ、第二次大戦を終結させたのと同じ行為である。しかし未だ国連憲章には敵国条項が抹消されず残っているが、有効性は存在しない。それ故のポツダム宣言の調印である）。

だが、決議六八七号調印以後もイラクには履行の誠意が見られないことから、一二年後の安全保障理事会においてイラクが無条件で履行するよう決議一四四一号をもって安全保障理事会の決意とした。その内容はイラクが六八七号を遵守していないことから、六八七号の違約項目を洗い出して履行するように求めたものである。その決議一四四一号は前文と一四項目の文面によって構成されている。前文は「イラクの大量破壊兵器および弾道ミサイルの拡散や開発は世界の脅威であり、そしてＵＮＳＣＯＭ査察が達成されないことは遺憾かつ、ＵＮＭＯＶＩＣへの査察にも非協力であり残念に思う。そしてＵＮＭＯＶＩＣの書簡の要求を満たさないのは重大な懸念である」とイラクの過去の行為やＵＮＭＯＶＩＣの査察当初の対応に不満を表明し、このままでは重大な局面を迎えるであろうことを示唆している（処理は第一四項に取りまとめている）。その内訳は、本文は第一項から第一四項に分類され、第一項から第六項には、今までイラクが違反してきた行為と今後の査察強化および査察の安保理理事会への報告義務が記述されている。第六項から第九項では査察委員会が拘束力をもってイラクの査察が遂行できることを述べていて、第一〇項から第一二項は国連加盟各国の協力要請と査察の妨害が発生した時に会合を開くことを決定している。そして、第一三項と一四項で国連決議一四四一号の最終方針を記述した項目で構成し、そこにはイラクの査察に対する非協力が続けば警告を発してきたことを喚起すべきと記載して、最終的には「引き続き関係者が関与する」ことで結んでいる。したがってイラク攻撃すべしとする文面は一行も記述されていないのである。いわんや小泉首相が述べているイラク攻撃を行うべしとした文面は一行たりとも記載されていないのが事実である。

しかしながらイラクが再々査察を妨害していたことは明らかである。その結果先の査察委員会のＵＮＳＣＯＭは解散し、四年にわたって査察は中断された。そしてこの行為を防止し、再度査察を再開したが、なお不十分であったので二〇〇二年一一月八日に国連安保理理事会を開催し、決議一四四一号を採択してＵＮＭＯＶＩＣ査察委員会とＩＡＥＡ（国際原子力機関）の査察の権限強化を決定、査察を再開したのである。この決議にはイラク非難が強く採決されている。

これからが最も重要である。それは一四四一号に決議された目的の、大量破壊兵器と弾道ミサイルに関する決議でＩＡＥＡの管轄である大量破壊兵器のうちの核兵器はＩＡＥＡの査察によって「イラクには核兵器を製造する能力も現に施設も存在しない」と国連に報告されており、ＵＮＭＯＶＩＣ査察委員会も一五〇㎞の攻撃能力（バクダッドから発射するとイラク国内の地点に着弾するミサイルがアメリカの脅威になるのか疑問である）を持つ弾道ミサイルも徐々にではあるが廃棄し始めたことが安保理理事会で報告されているのである。いわゆる一四四一号決議に示された要求が履行されつつあったのである。

最後の生物化学兵器はイラク攻撃終了後にイラクの化学兵器に携わっていた政府要人が拘束されたにもかかわらず発見されずにいるのは、イラク開戦以前に国連に提出された元イラク政府要人で生物化学兵器担当者が「ほぼ廃棄されている」との報告文を国連に提出しているからである。しかしこの文を以てブッシュ政権は隠匿ありと改竄したのである。また、このような違法行為を把握しながら国連は真実の調査をいっさい行っていないのである。湾岸戦争以後の調査班のUNSCOM査察委員会も九〇％廃棄したとの報告を行っていることから、攻撃時点でイラクは生物化学兵器をほぼ失っていると考えるのが常識である。またイラクのウラン入手疑惑の証拠書類としてアメリカが国連に提出したニジェール政府の発行した書類が、ニジェール政府が用いる正式な書式ではなく偽造されたものであることが指摘されていたのである（イラク攻撃終了後、ニジェール政府が書類に示された行為はいっさいなかったことを公表している。これによって偽造された公式文書であることが確実になった）。しかしUNSCOMの調査資料も、FBIやCIAに全面協力していた、いやむしろアメリカの意向に沿った報告書を書き上げたバトラー委員長を疑わなかった（既にバトラー委員長の行動に異議が噴出していたにもかかわらず）。国連の責任は大きく、一時はアナン事務総長の解任要求が出されていたほどである。アメリカの陰謀に屈しない国連であったなら、その後のイラクの困難は発生していなかったとも考えられる。

このような流れのなか、イラクは一四四一号決議の条件を満たしつつあったのである。しかし、その速度はイスラム国家のテンポであって敏捷性がなく、アメリカにとっては誠意が見られなかったのであろう。だが、民族性や国民性ならびに今にもブッシュ政権の軍隊によって攻撃を受ける（査察を満足しても攻撃することが確定的な状況で、ブッシュ政権は査察よりフセイン大統領の亡命にターゲットを変更してきた）イラクにとっては反撃するすべての兵器を一気に放棄するなど、考えられない行為であった。では、屋上屋を架すように解決しづらい要求をブッシュ政権は何ゆえつきつけ、戦争を行おうとするのか。そしてなぜ性急にイラク攻撃に走ったのか、その意味は決議一四四一号の第一〇項に隠されているのである。その文面は、すべての加盟国がイラクに供与した大量破壊兵器やミサイルの供与の事実を安全保障理事会に報告しなければならないとある。すでに明白になっている生物化学兵器（国連で禁止されていた戦争資材）の供与をイラン・イラク戦争時期から米大統領の直轄機関であるＣＩＡが供与し、運用方法を指導していたのである。仮にフセイン政権の重要人物が自由になって真実を明らかにするとすべての事実が白日のもとにさらされる。それを恐れ、すべての破壊を行うためにイラク攻撃を強行したのではなかろうか。そして、イラク攻撃終結後生き延びたそれらのイラク要人を拘束し（トランプになぞらえ五二人を拘束する方針とした）、彼らの証言が世界に公表されないように防衛したのであろうことが推測できるのである。

イラク攻撃終了後、ＵＮＭＯＶＩＣのブリックス委員長は任期満了につき解任している。そして任務の総括報告を行い、イラクの査察機関が少なすぎる点と、アメリカの軍事強行論が招いた戦争が適正でなかったことを織り交ぜながらコメントを発表している（ＮＨＫニュースは前項のコメントのみ報道しているが後項はいっさい報道していない）。それから、穏やかに査察が行われていたならばイラクの安定と安全が保障され、世界の脅威も壊廃していただろう事をにじませながら退任していったのである。そしてさらに査察の継続を再度要求したが容認されなかった。

決議一四四一号に至る経緯

年代	決議番号	決議内容及び状況
一九九一年	六六〇号	イラク軍のクウェートからの即時撤退要求。
	六六一号	包括的なイラク経済制裁。
	六六二号	クウェートの併合無効決定。
	六六五号	六六一号の実施のための状況が必要とする処置の決定。

一九九一年	六七八号	イラクが一九九一年一月一五日までに履行しない場合必要な全ての手段をとることをクウェート政府に協力している加盟国に授権あることを決定。
		砂漠の嵐作戦開始（湾岸戦争）（一月一七日）。
		イラクが全ての決議を受諾（二月二七日）。
	六八七号	正式な停戦条件の提示（四月三日）。
		イラクが六八七号決議を受諾（四月六日）。

この間約一二年、経済制裁と査察が行われたり中断したりした。しかし停戦合意したにも拘らず米英軍によってイラク爆撃は続行されていたのである。しかしこの行為の決議文はどこにもない。しかし、米英の空爆が六八七号以前の文面で行われていれば六八七号は成立せず、六七八号以前が有効であった場合、第二次世界大戦時の日本やドイツ、イタリアなどの敵国条項が国連には未だ残っているので、自衛隊は中国にとって脅威とみなされ、仮にミサイル攻撃を受けても中国に正当性が存在するという判断が可能である。一二年前のイラク決議が有効であれば、同じように六〇年前の日本の安保理決議も有効と判断できる。しかし、このことは終戦協定によって終了したものと考えるのが望ましく、同様にイラクの六七八号以前の決議は六八七号によって満了したものといえる。

二〇〇三年	一四四一号	六八七号の履行を求めるため権限を強化した決議。（ただし、この決議には六七八号のようないかなる行為を行ってもよいと判断できる「権益」の文字またはそれに類する文面は記載されていない。そればかりか、安保理で協議する旨の文章が記述されている）

安保理決議一四四一号（抄録）

項目	内容
前文	○イラクの大量破壊兵器、長距離ミサイル拡散は国際平和の脅威である。 ○イラクが大量破壊兵器、一五〇㎞を超える弾道ミサイルの開発計画や施設を明らかにしないのは遺憾である。 ○UNSCOM、IAEAの無条件立ち入りに協力しなかったのは遺憾である。 ○UNMOVIC、IAEAの無条件立ち入りが長引いているのは残念に思う。 ○クウェートの財産返還をしなかったのは遺憾である。 ○UNMOVIC、IAEAが送った書簡で示された段取りを確認しないことに重大な懸念を表明する。
一項	イラクは義務の重大な違反をしてきた
二項	軍備解体プロセスを完全かつ検証された形で完了させることを目的として査察体制を構築する。
三項	年二回完全な申告を提出することを決定する。
四項	イラクの非協力は一一項、一二項の評価のため安保理に報告する。
五項	本決議の四五日以内に査察を再開し六〇日以内に安全保障理事会に伝えることをUNMOVIC、IAEAに要請する。
六項	UNMOVIC、IAEAからのイラクへの書簡が拘束力を持つことを決定する。
七項	両機関が職務を遂行するためイラクに対して拘束力を持つことを決定する。

八項	イラクは国連またはIAEAのいかなる代表もしくは要員に対してもに敵対行為を行ってはならない。
九項	事務総長に対しイラクに直ちに通知することを要請する。
一〇項	全ての加盟国に対して任務遂行に全面的な支持を与えるよう要請する。禁止品目を獲得しようとする試みや関連した情報はUNMOVIC、IAEAによって理事会に報告する。
一一項	イラクのあらゆる妨害、ならびに義務を含め安全保障理事会に報告するよう指示する。
一二項	国際平和と安全を確保するため、直ちに会合を開き、すべての関連安保理決議を全面的に遵守する必要性を検討することを決定する。
一三項	これに関し義務違反が続けば、重大な結果に直面するであろうことは再三警告してきたことを想起する。
一四項	問題に引き続き関わることを決定する。

オサマ・ビン・ラディン氏とブッシュ大統領の関わり

オサマ・ビン・ラディン氏とブッシュ大統領の交友関係は多くの人々によって記述され証言されている。そしてアメリカ大統領がフセイン政権を支援していたことも証言されている。オサマ・ビン・ラディン氏とブッシュ大統領は考えられないほど親密な関係にあった。オサマ・ビン・ラディン氏が逮捕される姿が白日のもとにさらされたときに、如何なる結末が待っているかに興味がもたれる次第である。

同時多発テロの首謀者と目される（未だその証拠は確定していない）オサマ・ビン・ラディン氏と、ブッシュ大統領は「資源開発を営む投資会社」を共同で設立したオーナー同士であったことは、英国やアメリカの大衆紙がすでに報じたとおりである（二〇〇一年一〇月三日の記事）。また、『ぬりつぶされた真実』にも詳細に記載されている通り、ブッシュ大統領は親子二代にわたりオサマ・ビン・ラディン氏やその一家と深く関わり、石油や鉱物資源を開発し、協力して勢力と財力を拡大していったのである。

米英の大衆紙によると先代のブッシュ大統領はオサマ・ビン・ラディン氏の実兄と共同でアルブスト・エネルギー社を設立し、中東における石油開発の利権を手に入れた、そしてハーケン・エネルギー社に自身の会社を吸収させ、同社の株を取得して、なおかつ役員になって顧問報酬を得ているのである。また、現ブッシュ大統領はオサマ・ビン・ラディン氏と共同で会社を設立し、先代のブッシュ大統領を踏襲するように石油投資会社に自己の会社を吸収させて利権を共有している。

ＣＩＡ高官の娘であるギヨーム・ダスキエ氏は父親の権威を活用しながらアフガニスタンのロビイストになり、そしてロビイストを取り締まる役割を演じていく中で、当然のようにブッシュ大統領の利権構造と接するようになった。アフガニスタンの交渉をする過程で両ブッシュ大統領の所有する利権構造に深く立ち入り、両ブッシュ大統領とオサマ・ビン・ラディン氏との関りを知り得る立場になったのである。

それによると、先代のブッシュ大統領はカーライル・グループの投資会社を経てハーケン・エネルギー社へ投資し、以後、役員に就任している。さらに現ブッシュ大統領は自身が保有する二つの会社アルバスト79とアルバスト80（オサマ・ビン・ラディン氏を支援するアラビアの富豪が資本参加している。その後オサマ・ビン・ラディン氏の兄が役員をする）ともハーケン・エネルギー社に吸収させて役員に納まったのである。

このブッシュ大統領が役員をするハーケン・エネルギー社は、湾岸戦争以後クウェートの石油利権を確保したほか、コソボや旧ユーゴスラビア紛争終結後、石油や鉱物資源の利権を得て勢力を拡大している。さらにアフガニスタン戦終結後には石油採掘の権利を得ている。

このように、アメリカ大統領と深い関係にある企業が、アメリカが戦った跡地で確実に利権を獲得していることは信じがたく、このことが世界に隠されている秘密のように思えてならない。さらにイラク攻撃の成果が見え始めた四月六日の報道ではＣＩＡのテネット長官が、「イラク戦争の同盟国だけがアメリカ石油会社と協力できる」と言及し、イラクの石油利権の支配を決定したことを表明している。この発言は、先のブッシュ大統領の「イラク統治は国連でなくアメリカが行う」あるいは「石油で復興を行う」との発言の流れをくむものであろう。攻撃開始前の「石油利権でなくイラク国民を解放することが目的である」という説明は早くも崩れ、世界が指摘した通り利権戦争の本質が露呈したのだ。このことは戦後の対応にも表れており、戦争によってイラクの市民生活や文化財産は失っても石油省の建物と石油関連施設は保護警備していることが公にされた。そしてその行為は世界の非難の的になっている。さらにイラクの復興はブッシュ大統領の息がかかったアメリカ企業が独占している。いや、ブッシュ政権に関わる高官の関連企業が権利を得ているのである。

このようにアメリカが石油のため戦争を仕掛けていることを世界中は察知している。ブッシュ大統領の個人的な利権で戦争が仕掛けられているのではないかと思うと、背筋が寒くなるほどである。もはやブッシュ大統領には平和も何もなく、ただ利権のみが必要なのである。そしてアメリカ経済の再起が、さらにブッシュ大統領の懐を潤すようである。

ブッシュ大統領はイラク復興計画をアメリカ主導で行い、資金は国連が分担する方針を表明している。フセイン政権下には、フランス、中国、ロシアなどに石油掘削権を独占されていたことに不快感を持ち、その構造を再編することを狙っているのであろう。それには国連を一方に追いやり、アメリカ主導で石油利権構造やシステムを支配・改革して、イラクの復興を足がかりにアメリカの石油利権を確立するつもりだろう。

ロシア石油ガス生産連盟のエフゲニー・ヤグベツ会長は三月二九日に「戦後の石油関連事業を支配するのは米英。ロシアは取り残されるであろう」と悲観的な見通しを示した。これに追い討ちをかけるようにアメリカ政府はロシア企業の対イラク武器輸出疑惑を追及した（アメリカもＣＩＡなどを通じて禁止された資材をイラクに提供していた）。パウエル国務長官は「納得できる回答が得られない場合、イラク復興からロシアを排除する」との可能性を示唆した。これはブッシュ大統領がアメリカに同意するかしないかを世界に問いかけ、「敵か味方か」の識別を行った流れにそったものである。こうしてイラク攻撃に反対した国々には権利の失効を明言している。なんと老獪な手法であろう。この違法性が高い行為を日本政府は支援しているのである。またもやアメリカが軍事介入した国々の石油利権がアメリカ資本に組み入れられることが明白になってきた。これほどはっきりと個人的な利権を表明した戦いは過去にはなかった、いや、近年アメリカが行っている戦争はすべて利権がらみであった。

ちょっと一服「短編小説」

機密情報は事件や軍事行動の以前に発表されることはほとんどない。イラク攻撃が終了したことによって、関連する一連の情報が公表されるだろう。アルカイダ掃討作戦が大詰めにさしかかり、イラク攻撃の不当性が米議会で追及されている。ブッシュ政権の命運が尽きた時、その全容が明らかにされるのであろう。今日までに報道された記事を見ると、不思議な展開に気づく。事件には台本があって、それが見え隠れするようなのだ。

記事は二〇〇二年五月一六日から二〇〇二年一〇月一九日のわずか五ヶ月間に報道されたものであるが、小説となる不思議な事実が収集できたのである。ＣＩＡは大統領直属の機関であり、大統領以外にその行動をチェックできず、国内外で違法行為を公然と行っている。時としてテロ組織の幇助も行う。オサマ・ビン・ラディン氏とブッシュ大統領は旧知の仲であり、共同で投資会社を設立し莫大な資金を得ている。これらの事実をより合わせて、想像的真実劇を書き上げた。

台本となる新聞の報道記事

発行日	報道記事の概要
二〇〇二年五月一六日	同時テロ以前の七月にアリゾナ州フェニックスのＦＢＩ捜査官が本部に対し「オサマ・ビン・ラディン氏のようなテロリスト集団がメンバーを飛行学校に通わせている」とメモを提出したが、ＦＢＩ本部は行動をとらなかった。
二〇〇二年五月一八日	ＣＩＡが同時テロ二年前にオサマ・ビン・ラディン氏のテロ組織アルカイダが旅客機でホワイトハウスや国防総省などに突入する危険性を指摘した報告書を作っていた。この報告書でブッシュ政権は同組織の壊滅作戦を立てていた。
二〇〇二年六月三日	ブッシュ大統領はウェストポイント陸軍士官学校で名指しにしないもののイラク攻撃を臭わせる演説をした。

二〇〇二年六月三日	CIAは七七便に乗り国防総省に突入した二人を事前にアルカイダのメンバーと知りながら（名前も把握）政府やFBIに知らせなかった。
二〇〇二年六月五日	同時テロ一週間前にエジプト情報担当者がアメリカ政府に対し、オサマ・ビン・ラディン氏の組織が大掛かりなテロを計画していると通報している。
二〇〇二年六月一二日	イラク反体制派組織に八〇〇万ドル（約一〇億円）の追加支援をしている。
二〇〇二年六月一七日	フセイン大統領の暗殺を含めた手段をとるよう、ブッシュ大統領はCIAに指示した。
二〇〇二年八月一一日	ブッシュ大統領はイラク反体制派六派をワシントンに集め、フセイン打倒とその後を協議した（この記事はイラク攻撃の半年前である）。
二〇〇二年一〇月一九日	アメリカ本土の軍事施設でイラク反体制派民兵一万人の訓練を開始予定である（その後、訓練は予定通り行われたと報道されている）。

時は一九九九年九月。ドイツの街角に静かにたたずむ古めかしいパブの片隅で三人の男がポツリ、ポツリと話しながら、時々笑みをうかべながら酒を飲んでいた。

英国諜報員　我々の情報によるとオサマ・ビン・ラディンが航空機テロを計画しているようだ。

CIA諜報員　同じ報告はイスラエルからもあったが、情報源は確かか。

英国諜報員　これは我々の確かな情報だ。

ＣＩＡ諜報員　それだけでは大統領には報告できない。
英国諜報員　フランスもドイツも情報を共有している。
ＣＩＡ諜報員　確たる情報が必要だ。我々も十分考慮している。今日は酒もなくなった。
　　情報源の女が待っている。悪いが先に行く。

冬を迎えチラホラと小雪が落ちてくる。すべるように寄ってきた黒塗りのベンツに乗ると、すばやく北に向かう。
田舎町に似合わない高級なホテルに着くと、予約している部屋へと向かった。しばらくすると、入った時と違いタキシードに着替えていた。そして向かいのダンスホールへ入って行く。今日はやけに混んでいる。週末の金曜日であった。四、五人でたむろする女たちに近づくと、顔見知りの一人と寄り添うようにダンスを始めた。

ＣＩＡ諜報員　組織の計画は進んでいるか。
情報源の女　ラディンの指示がまだ出ていない。
ＣＩＡ諜報員　今はヨーロッパに分散しているのか。
情報源の女　二、三名ずつ分かれている。
ＣＩＡ諜報員　全員で何名だ。氏名はわかったか。
情報源の女　まだ全容はわからない。

ＣＩＡ課報員　来月までに全容をつかめ。

投宿するホテルの施設で密会するとは大胆だが、最も安全な情報収集方法である。月日は経ち女から約一四、一五名との情報を得て、その足で空港に向かった。ＣＩＡ長官へ報告する日が迫っていたのである。航空機の乗っ取り計画を知ってから搭乗するのにやや臆病になったが、苦虫を噛み潰したような長官の仏頂面を見ないですむなら、怖い飛行機もやむを得ない心境であった。

ＣＩＡ課報員　長官、航空機の乗っ取り計画の実行予定者を解明しました。今、飛行学校にそのうちの数名が通っています。直ちに手配して逮捕しましょうか。

ＣＩＡ長官　それはしなくて良い。頂上からその者達を監視しろ。

ＣＩＡ課報員　ＦＢＩも動き始めたようですが、先を越されます。

ＣＩＡ長官　そちらも指示が出ている。邪魔はしないだろう。安心せよ。

ＣＩＡ課報員　何ですって。我々がわざわざドイツまで行った甲斐がない。

ＣＩＡ長官　君も知っての通り我々もＦＢＩも大統領の意向に沿って動くことが義務だ。

ＣＩＡ課報員　……。

ＣＩＡ長官　このことは合衆国にとって最も重要で、将来に深く関わってくることなのだ。

ＣＩＡ諜報員　調査はこのまま続けます。

ＣＩＡ長官　そのようにしてくれ。

ヨーロッパの情報官から受けた情報を基に大統領執務室へと長官は向かって行った。

ＣＩＡ長官　この計画に国防総省とＦＢＩがチャチャを入れている。停止させてください。

大統領　ＦＢＩはいかようにもなるが、国防総省は副大統領に任せよう。もともとこの計画は副大統領から出た案だ。

ＣＩＡ長官　くれぐれもお願いします。

大統領　次の報告まで詳細に組織の解明を行うように。

ＣＩＡ長官　三ヶ月の猶予をください。全力を投入します。

大統領　君に任せる。遅いと事態が変わる。がんばってくれ。

ＣＩＡ長官は大統領の命令に従うため七人の腕利きの捜査官に集合をかけた。

ＣＩＡ長官　諸君、合衆国と大統領に忠誠を誓うことを約束してくれ。これは国家の危機を救う唯一の方法である。

諜報員一同　もとより命をかけて従います。

ＣＩＡ長官　まず一つは、航空機乗っ取りを計画しているビン・ラディンの組織に二名が潜入すること。もう一つは乗っ取り計画が速やかに実行できるようサポートすること。この訳はいずれ話す時が来る。国家の危機を救うためだ。

ＣＩＡ諜報員　長官、グループの構成はつかんでおりますが、潜入の手筈を早急に整えるのは困難です。

ＣＩＡ長官　君はラディンと大統領の交友を知らんのかね。

ＣＩＡ諜報員　投資会社を共同で興したオーナー同士であることは情報局から聞いています。

ＣＩＡ長官　ならば問題なかろう。よし、二名ずつ四組に分かれ潜入者、追跡調査、そしてＦＢＩと国防総省への牽制役に分かれてくれ。潜入者は命がけだぞ。よいか。直ちに行動してくれ。成功を祈る。さて、ラディンの組織に潜入する二名は今夜夕食をともにしよう。ハーバーで待っている。七時だ。

夕日が映える船着場に真っ白なクルーザーが停泊していた。誰の所有船か鷲のマークが見える。政府の持ち物だろうか、それにしても重厚で高級な船である。なかには既に二人の待ち人がいた。来客が遅れたのか少々イライラしているようである。三人が入るや否やすぐに会議が始まった。

CIA長官　諸君、君達を呼んだ方々を紹介する。初めてだろうが、こちらが副大統領閣下である。そしてこちらが国防長官殿である。

CIA課報員　失礼します。雲の上の方々から呼び出しとは一体何でしょうか。

国防長官　君達二人には命をかけた危険な任務を行ってもらう。既に指示が届いていると思うが、ラディンの組織が航空機乗っ取りを計画している。そして二機が大統領官邸と国防総省に突入する計画のようである。これを突入させずアフガンに導いてほしい。そのためラディンの組織に潜入するのだ。そして無事飛行する役目である。

CIA長官　乗っ取りを防止するのではないのですね。

副大統領　そうだ。事前に話した通り乗っ取りは敢行させる。ただし飛行機はアフガンもしくはイラクに着陸させるのだ。いやアフガンが適している。ラディンの影響が届かないフセインは何をするかわからない。安全な方を選ぼう。

CIA課報員　閣下、なぜアフガンやイラクなのですか。国内はだめですか。

副大統領　国家の方針である。今はそれ以上知る必要がない。

国防長官　中東への乗り入れが困難で、ラディン組織の計画通り大統領官邸や国防総省に突入するようであれば、妨害して目標を外させるよう努力せよ。その時は君らの命と乗客の命は国にささげた英雄として語り継がれるであろう。

ＣＩＡ諜報員　イラクに乗り入れたらどうなるのですか。

国防長官　イランの時を思い出してくれ。救出する。案ずる必要はない。

会議は簡潔に短く必要事項を満たすと、二人の無事を祈るかのように温かい食事と最高級のワインがふるまわれた。ラディン組織に潜入する二人は酒を飲む前から体のほてりを感じ、使命感が高揚していくのを味わっていた。

数日後には大統領顧問を通じラディン組織へとやすやすと加わることができた。そして、この日から二人はエジプト人とサウジアラビア人となって、しばらくぶりにドイツの片田舎で人待ちをしていた。

組織の一員　待たせたな。イスラムの導きによって君達と人生を楽しむことになった。

ＣＩＡ潜入者　長らく潜伏していたので、もう飽き飽きしてきたよ。ヨーロッパも住みづらくなったもんだ。

組織の一員　飛行機を操縦したことはあるか。

ＣＩＡ潜入者　まったくないね。

潜入者同僚　昔、軍にいたとき整備に携わったが操縦はしてないね。

組織の一員　よかろう。アメリカに渡り、航空学校に通って覚えるのだ。この国籍と名前で渡航してくれ。ロサンゼルスで君達を迎えに来る者がいる。がんばってくれ。

アラブ人になりすましたCIA潜入者は指定された航空機で素早くロサンゼルス空港に到着した。そして入管を通り抜ける時であった。

空港職員　パスポートを。目的は？

CIA潜入者　イエス。友人の葬儀に出席するためです。

空港職員　それは悲しいことですね。

空港職員がパスポートの番号を打ち込むと、そこには「警告」の文字が浮かび上がった。

空港職員　このパソコンたびたび故障するな。ちょっと待ってください。

そして彼は事務所に入っていった。

空港職員　この二名はちょっと問題があるようなのでFBIに照会してください。

入管職員　どれどれ。んー。ちょっと待ってくれ。わかったよ。CIAより通知があって、入国の状況を知らせる要請がある。FBIからも入国が認められている。たぶん過去に何か事件を起こしたのだろう。

空港職員　了解しました。入国させます。
そして航空職員はボックスへと戻って行った。
空港職員　滞在はどのくらい。
CIA潜入者　葬儀の後、語学学校に通うので数ヶ月おります。
空港職員　アラブ人にしては上手な英語だから、通わなくて十分だよ。まあいい。通って。

無事ロサンゼルスに入国できた二人だが、長いヨーロッパからやっと帰国できたにもかかわらず、家族や友人には会えない寂しさが漂っていた。

ロサンゼルスでは組織の仲間二人とともに航空学校に通う毎日が続いた。初めは新鮮で変化のある生活だったが、投宿先と学校を往復する単純な生活に辟易としてきた。そしてCIA本部との連絡もなく組織の仲間と毎晩飲酒する日々だった。

そんな毎日に初めて変化が起きた。組織の仲間と飛行練習を終えると、いつもの酒場に向かうはずの車が意外な方向に走って行った。そして町外れの小さな料理店にたどり着いた。店では既に一〇人を超える人々がガヤガヤとしゃべっていた。しかし男ばかりで、一目でアラブ人とわかる異様な集団であった。野球やゴルフや経済の話をするでもなく、もしやこの集まりはラディンの仲間ではと考えがよぎったが、平静を装い末席についた。

仲間の長　もう三ヶ月になった。飛行訓練は順調か。

リーダー　免許を得たもの四名。免許はまだですが飛行可能者四名です。

仲間の長　そのまま続けてくれ。さて実行部隊だが分けるのは決行前に指示を与える。くれぐれも用心してくれ。新人の二人は仮に君はA班、君はB班としよう。二人とも重要な任務である。しっかりとたのむ。秘密は厳守である。組織の約束はたがえてはならない。

リーダーA　長、組織と人員を指名してくれないか。

仲間の長　さっきも言った通りだ。この場は方向を示すのが重要で、大事なことは別の機会に行う。さあ。結束を高めよう。準備してある。ゆっくり食べてそれぞれのお国自慢でも聞かせてもらおう。

さんざん食べてゆったりとしていたら、幾度となく故郷のことを聞かれ、危うく素性がばれるところであったが、事なきを得て帰路についた。

それから数週間が経ち、班のリーダーからの指示でロサンゼルスを離れ二手に分かれニューヨークとボストンに移動した。ＣＩＡの潜入者二人はともにニューヨークに向かい、そしてその後一人はワシントンへと向かうよう指示があった。そこで二人は、どちらか一方が航空機乗っ取り班で、どちらかが地上調査班ではないかと推理した。

さすが大都会ニューヨークである。生まれ故郷近くのサンフランシスコよりも大きな都市である。ニューヨークの朝の込み具合はサンフランシスコと較べるべくもなかった。

ここには知人もなく、町に出ても誰かに見つかる心配はなかった。しかし組織からは相変わらず外出を控えるよう指示されていた。そんな時、町ですれ違った一人の紳士が目の前で靴紐を結び直している。ＣＩＡからのつなぎをせよとの連絡である。

二週間に一度の自由外出の日がきた。早速ＣＩＡ長官に連絡を入れた。

ＣＩＡ長官　組織の行動計画はわかったか。

ＣＩＡ潜入者　我々二名が別働隊となっていることと、実行が近いうちであることが推測できる程度で、実行直前に人員配分と実行日を指示するようであります。

ＣＩＡ長官　それは二人をそれぞれ国防総省とホワイトハウスに突入する予定機に乗り込ませるためであろう。そのほうが確実にアフガンに向かえる。昨年の情報によると君らが学校を終えるときと判断したが、予定は早まったようだな。

ＣＩＡ潜入者　私も長官と同じ考えです。だが人数から、さらに別働隊があるのではないでしょうか。しかしまだわかりません。

CIA長官　いや、乗っ取りグループと地上グループが必要であり、人数が多くいるのであろう。そのまま内偵してくれ。

CIA潜入者　わかりました。ただ長官、FBIや国防情報局と思われる者が尾行しており、組織に感づかれる懸念があります。しかしFBIはなぜ調査しているのだろう。

CIA長官　よし。上層部より停止してもらうから安心してくれ。フェニックス支部からも飛行学校通学の確認が来たが、動かぬように指示を出した。

CIA潜入者　あまり時間がありませんから、これで切ります。また連絡を入れます。

二人はその後何事もなく時を過ごしていた。ある日の夕暮れ、またもや集合がかけられた。

班のリーダー　今日は皆に重要な話がある。このまま我々とともに来てくれ。そして渡してある携帯電話を戻してくれ。

CIA潜入者　ちょっと身の回りを片付けたいが。

班のリーダー　それは許されない。組織の長よりの指令だ。

二人は荷物もCIAに連絡する道具も持たずに向かうことになった。行く先では連絡ができるものと考えていたが、そのまま片田舎の一軒に直行した。ここには連絡するものが何もなかった。空家ではないが調度品もベッドもなかった。

仲間の長　これよりグループ分けを行う。四組に分かれる。既にAとBの班長は決まっているが、あとはこの二名ずつが加わる。そして残りはC、Dグループだ。今日から班全体で一緒に行動を行うこと。一時も離れるな。リーダーたちはくれぐれも注意してくれ。皆がまとまることが重要なんだ。では、粗末だが最後の晩餐としよう。

組織の構成員たちは宗教上飲んではいけない酒を酌み交わしていた。潜入者も一年ぶりに酔ったようである。そして夜が明けるころ指示された場所へと向かっていった。

ニューヨークに泊まることとなった二人であったが、以前とは異なるモーテルに宿泊した。このことから決行は近いと感じていたが、CIAへの連絡はいっさいできない状況だった。

CIA本部では指定日になっても潜入スパイの二人からまったく連絡が入らないことから徐々に焦りが感じられるようになっていた。そこで所員を増員して二人の追跡を開始したが一向に情報が得られないままであった。乗っ取りグループはスパイに感づいているのであろうか。それを承知のうえで行動を起こしているのではなかろうかと考えられる節もある。しかし、潜入者からの連絡を待つ以外になかった。

一方、乗っ取り計画グループは既に決行日を決定していた。組織に潜った二人のグループは二班に分かれ、ニューヨーク近郊とワシントンのモーテルに分宿している。

　この流れから翌日が決行日であることを悟り、ＣＩＡと連絡できないまま決行の暁には副大統領の指示通り一路アフガニスタンかイラクに飛び立つよう努力する決意であった。しかしながら、未だ解せない問題があった。なぜアフガニスタンやイラクなのであろうか。アフガニスタンにはオサマ・ビン・ラディン氏がいて着陸後の対処が容易であるが、なぜイラクを指定したのか一抹の不安を禁じえなかった。


　ＣＩＡ潜入者を含めた組織は地上支援者が用意した搭乗券を持って航空カウンターに現れた。彼らは手荷物を預け、金属探知機を何事もなく通り抜けた。手荷物には衣類が入っているが、何の変哲もない旅行かばんであった。搭乗に際し何も持っていく必要がなかったのである。ただ一点、足に巻きつけた非金属のナイフがあれば十分であった。しかし、この一行を遠方より注視する者達がいた。ＣＩＡ所員の二名と反対側にはＦＢＩ所員三名が行動を探っていたのである。この情報収集はワシントンでも行われていた。しかし、なぜかボストン空港にはＣＩＡもＦＢＩも国防総省の情報局員の一人もいなかったのである。

　航空機乗っ取り犯グループの首班はＣＩＡ潜入グループが実行するという計画情報を流し、その情報に隠れるようにして本当の計画を実行していたのである。もちろんＣＩＡアラブ人が潜むことを、そしてホワイトハウスや国防総省に突入せずにアフガニスタンに向かうようにラディンとブッシュ大統領が裏で働いていることを知っていて、それを利用して計画の確実性と安全性を得てＣＩＡやＦＢＩが妨害しないことを確信し、それを囮にして別の航空機乗っ取りを企てたのである。その別働部隊が二組に分かれ、ボストン空港からロサンゼルス行きの飛行機に搭乗するところであった。その時一人の乗客が振り向いてグループのリーダーに向かって叫んだ。

乗客　そちらの方、そちらの方、靴紐が解けていますよ。

班のリーダー　おお。何か変だと思ったが靴紐でしたか。ありがとう。

グループのリーダーは一瞬捜査官の呼び止めかと思い動揺を隠せなかった。相当慌てていたのかナイフを装着した時に十分に靴紐が結ばれていなかったのである。

乗っ取り実行者を乗せた飛行機は時間を多少ずらしながら三機が飛び立って行った。そして四機目の飛行機が搭乗手続きを行っている最中であった。

潜入したＣＩＡの二グループとＣＩＡの追及をかわした二グループのうち、一グループが搭乗した飛行機は離陸して水平飛行に移行して安全ベルトの着用サインが消えた。そして楽しい空の旅が始まろうとしている瞬間、後方座席で何か騒動が始まったのである。

身に付けていたナイフをかざし、スチュワーデスを人質に二人の実行犯が行動を開始した。

乗っ取り犯のリーダーは「皆静かにしろ。シートベルトをつけろ」と命令した。しかし座っていた乗っ取り犯仲間の三名はシートベルトの着用を行っていなかった。その時人質を解放しようとした乗務員ともみ合う状況を見てこれ以上の警備体制はないと判断した三人が急に隣の乗客を人質にとり、乗務員の行動を制止させた。

乗っ取り犯のリーダーはスチュワーデスを人質にしたままコックピットのドアを開けるよう指示し、中へと入っていった。

サバイバルナイフで脅された機長は抵抗空しく、操縦を乗っ取り犯に奪われた。そして乗っ取り犯の二人が操縦席を占めた。航空学校に通っていた二人である。

乗っ取り犯は大型機の操縦は初めてであるが、意外にも上手であった。初めのうちは揺れが大きく不安であった乗客たちも、ひどい飛行ではないので鎮まりつつあった。しかし異様な雰囲気は隠しようがなかった。一方もう一人のCIA潜入者が乗った飛行機は機長の抵抗が思った以上に激しく、機体は二転三転して方向を変えるたびに乗客から悲鳴が上がる状態で緊張は極度に高まっていた。

CIAやFBIが追跡できなかったボストン発ロサンゼルス行きの一機も他の飛行機と同様に混乱のもと乗っ取り犯に操縦室を占領されていた。そしてもう一機は滑走路を今にも飛び立つ位置にあった。そしてエンジンが全開に作動されていたのである。

乗っ取り行為は乗客の携帯電話の連絡などから知られ、直ちにＣＩＡ本部に通報された。本部には長官を始め副長官やヨーロッパ派遣から戻った所員三名が集まっていた。

欧州ＣＩＡ　想定した通り二機が乗っ取られました。

ＣＩＡ副長官　どの便だ。

欧州ＣＩＡ　ニューヨーク発ユナイテッド九三便とボストン発アメリカン一一便です。

ＣＩＡ副長官　そうか。二機ともアフガンに向かうとよいが。

ＣＩＡ長官　待て。ボストンとニューヨーク発の二機か。ニューヨークとワシントンではないのか。

ＣＩＡ副長官　そうだ、なぜボストン発なんだ。直ちに調べて来い。直ちにだ。

長官と副長官を残し、直ちに情報局に向かい情報収集に当たった。

欧州ＣＩＡ　長官、乗っ取り機は三機です。

ＣＩＡ副長官　潜入者以外に実行グループがあったのか。君たちは何をしていたんだ。よい。よい。多い方が今後の対応がしやすい。上部に報告しやすくなった。乗っ取り機の追跡を行え。国防総省にも連絡しておく。

その時けたたましく電話のベルが鳴った。

欧州ＣＩＡ　長官、テレビを見てください。ボストン発が貿易センタービルに突入しました。

テレビは正に貿易センタービルに突入する瞬間を何度も何度も繰り返し放送していた。

CIA副長官　何てことだ。こんなことがあるのか。潜入者は何をしているのだ。命令を聞いていないのか。

欧州CIA　潜入者はこの飛行機に乗っていません。そのままアフガンに向かうと思われます。

電話のベルが再度けたたましく鳴った。

欧州CIA　国防総省にも突入したそうです。

CIA副長官　何をしていたのだ。何を指示したのか。こんなことは言ってないぞ。ホワイトハウスは大丈夫か。長官、副大統領にご連絡ください。それにしてもなんてこった。

副大統領に連絡する前にペンシルベニア郊外に墜落した便の連絡が入り、多数の死者が出たことを知らされた。

CIA長官　副大統領閣下。三機の飛行機が貿易センタービルと国防総省に突入し一機はペンシルベニアに墜落しました。

副大統領　既に知っている。国防総省よりも電話があった。ホワイトハウスに向かった飛行機は撃墜許可を与えた。幸い操縦を防止した者がいたようで郊外に墜落したが。一体君たちは何を指導してきたのか、アフガンに向かう手はずではなかったのか。国民が黙っちゃいないぞ。大統領に対しても都合が悪いぞ。

CIA長官　潜入させた二人は最善の努力をし、突入の被害を最小限にとどめたと思いますが、追跡できないグループがあったようです。この者達が貿易センタービルに突入したようです。

副大統領　さらにもう一機乗っ取られたことを君たちは知っているのか。

CIA長官　え!?　もう一機ですか。

副大統領　そうだ。ボストン発のロサンゼルス行きだ。

CIA長官　それは、二機以外のもう一機ではないのでしょうか。

副大統領　君は何年、情報機関を束ねているのか。三機以外にさらにもう一機がボストン上空で乗っ取られている。それが計画通りアフガンに向かうといいが、CIAは何をしていたのだ。

怒りは尽きないが、副大統領はホワイトハウスが無事であったことが何よりの救いだった。アメリカの威厳は守られたのだ。そう考え、別荘で休暇を楽しんでいる大統領に素早く緊急電話を入れた。

副大統領　大統領、大変な事態が起きました。

大統領　何だね。そんなに慌てて。

副大統領　航空機乗っ取り犯が国防総省と貿易センタービルに突入しました。ホワイトハウスを狙った便は成功せずペンシルベニア郊外に墜落しました。

大統領　直ちに国家安全保障会議を招集してくれ。私は執務室に向かう。

大統領が執務室に向かっている間に四機目の乗っ取り機が残りの貿易センタービルに突入し、その映像が実況中継で克明に放送されていて、正にアメリカの全国民を震撼させている瞬間であった。

副大統領　揃ったか。合衆国建国以来である。大変な事態になった。戦争だ。戦争以外にない。

国防長官　まずアフガニスタンから始めますか。

国務長官　国連が承認するでしょうか。

副大統領　それは君の役目であろう。こんなことになった以上、戦争以外にないだろう。国連も従わせよう。世界も賛成するだろう。

ＣＩＡ長官　ラディン氏も殺害するのでしょうか。大統領。

大統領　約束を反故にしたのも同然だ。もちろんそうだ。ラディンの後ろもだ。イラクもだ。

副大統領　アフガンは承認されましょうが、イラクは十分でない。

国防長官　乗っ取り計画はそこまで見通して計画されている。いまさらイラクの安全を誰が求めるのか。

副大統領　君がそのための材料を探すのだ。ラディンがそれだけの状況を作っているのだ。直ちに行動しよう。

国務副長官　アフガンをつぶしても影響ないが、イラクを潰すとＯＰＥＣ（石油輸出国機構）に合衆国のエネルギーが握られてしまう。

副大統領　石油は保全する。その確保に国防総省も協力してくれ。

国防長官　直ちに派兵の準備にとりかかります。

大統領　戦争だな。直ちに行ってくれ。そして兵器産業のトップを呼んで指示を出してくれ。その折、副大統領に取り計らうよう進言してくれ。情報長官。報道のあり方が重要だ。合衆国のためだ、わかっているだろう。全員直ちに進めてくれ。

副大統領　大統領、アフガンはすぐにつぶれると思うが、その先はどうしますか。

大統領　君の思うように進めてくれ。

副大統領　事前に大統領がテロとイラクを結びつけるように発言してほしい。今は情報の世界であり、情報が一番ですからお願いします。

大統領　わかった。ところで反フセインはどうしている。

副大統領　既に支援金は渡しているが反乱軍の体制にほど遠い。

国防長官　傭兵を五〇〇〇人ほどアリゾナ州で訓練に入る計画で進めていますが、軍政を敷くにはさらに追加人員が必要です。

副大統領　入国審査に便宜を図るように。

移民局長官　できればロサンゼルス空港の入国とさせてほしい。

副大統領　それとともに化学兵器の情報がほしい。

CIA長官　アフガンにはないが、イラクへはヨーロッパ支局の担当が把握しています。

FBI長官　君のところで長年イラクに渡していたからな。

副大統領　それは知っているからそれ以上言わなくていい。今回はFBIの協力も必要だよ。厚生長官、国内の対応は。

厚生省長官　イラクが持っていると考えられる生物兵器は炭疽菌と思われますが、CIA長官はどう考えますか。

CIA長官　その通りです。

厚生省長官　これは簡単に採取可能で疑問をもたれても大丈夫です。

副大統領　よし、国民に哀悼の意を示しながら、すべて筋書き通りに事を進めてくれ。炭疽菌もだ。選挙も近いし一丸となって戦おう。

大統領　国民もそれを望んでいる。諸君の努力が合衆国を救うすべてだ。全力で全うしてほしい。

　アフガニスタンとイラク攻撃へと手筈が整えられていく。だがこの短編小説はあくまでも想像の域を超えるものでなく、また、航空機テロを賛美するものでもない。多大な犠牲を払ったアメリカ国民に哀悼の念を禁じえない。世界を驚愕させたテロ行為にはそれをサポートする体制と、それを知りつつ成り行きを見守っている人々がいるのではなかろうか。このように考えるきっかけとなったのは、報道の切抜きを経過時間ごとにグラフに置き換えると炭疽菌事件や大量破壊兵器の疑惑と同じように不都合な部分が浮かび上がり、それを単純に推理すると、このような小説に仕上がったのである。時の流れを自由奔放に判断する人がいて、私もその一人だが、この小説が真実であるか否かは、数年が経過した後の歴史が証明してくれるものと考える。

第二章　第二次大戦後の戦争

第二次大戦以後の戦い

第二次大戦以後（一九四五年以降）はインドシナ戦争から始まり、第一次印パ戦争、ベルリン封鎖や朝鮮戦争、中印国境紛争などが勃発している。その後アメリカに真実の敗北をもたらしたベトナム戦争などが継続的に行われている。そして中東戦争など世界では同時期に二ヶ所から三ヶ所で戦争が勃発していた。さらに一九七〇年代に移行すると、同時期に世界で起きている戦争は最大の五地域に拡大している。その後一九七〇年代中葉のベトナム戦争終結とともに三年間ほどの世界平和が維持されている（ただし内戦はあった）。この間世界に戦争が勃発していない「歴史上戦争がない空白期間」である。この時期は、なんとアメリカが戦争の勝者になることができず、国内で反戦運動が盛り上がった期間と一致する。しかし、一九八〇年代に突入するや否やイラン・イラク戦争が勃発するとともに、グレナダへの侵攻やイランゲート

第二次世界大戦以後の主なる戦争

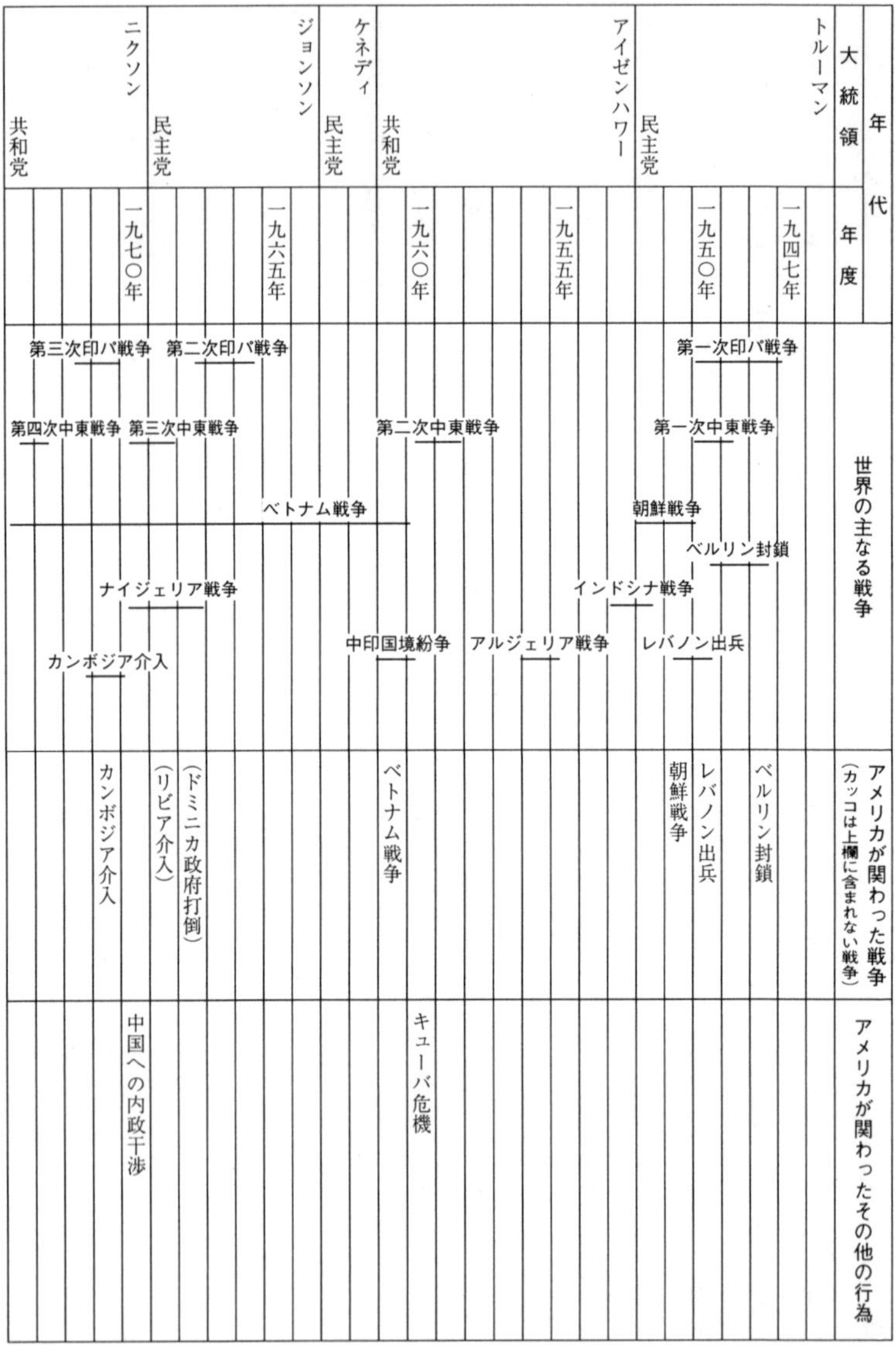
年代
大統領
年度
トルーマン
民主党
アイゼンハワー
共和党
ケネディ
民主党
ジョンソン
民主党
ニクソン
共和党
一九四七年
一九五〇年
一九五五年
一九六〇年
一九六五年
一九七〇年
世界の主なる戦争
第一次印パ戦争
第二次印パ戦争
第三次印パ戦争
第一次中東戦争
第二次中東戦争
第三次中東戦争
第四次中東戦争
朝鮮戦争
ベトナム戦争
ベルリン封鎖
インドシナ戦争
ナイジェリア戦争
レバノン出兵
アルジェリア戦争
中印国境紛争
カンボジア介入
アメリカが関わった戦争
（カッコは上欄に含まれない戦争）
ベルリン封鎖
レバノン出兵
朝鮮戦争
ベトナム戦争
（ドミニカ政府打倒）
（リビア介入）
カンボジア介入
アメリカが関わったその他の行為
キューバ危機
中国への内政干渉

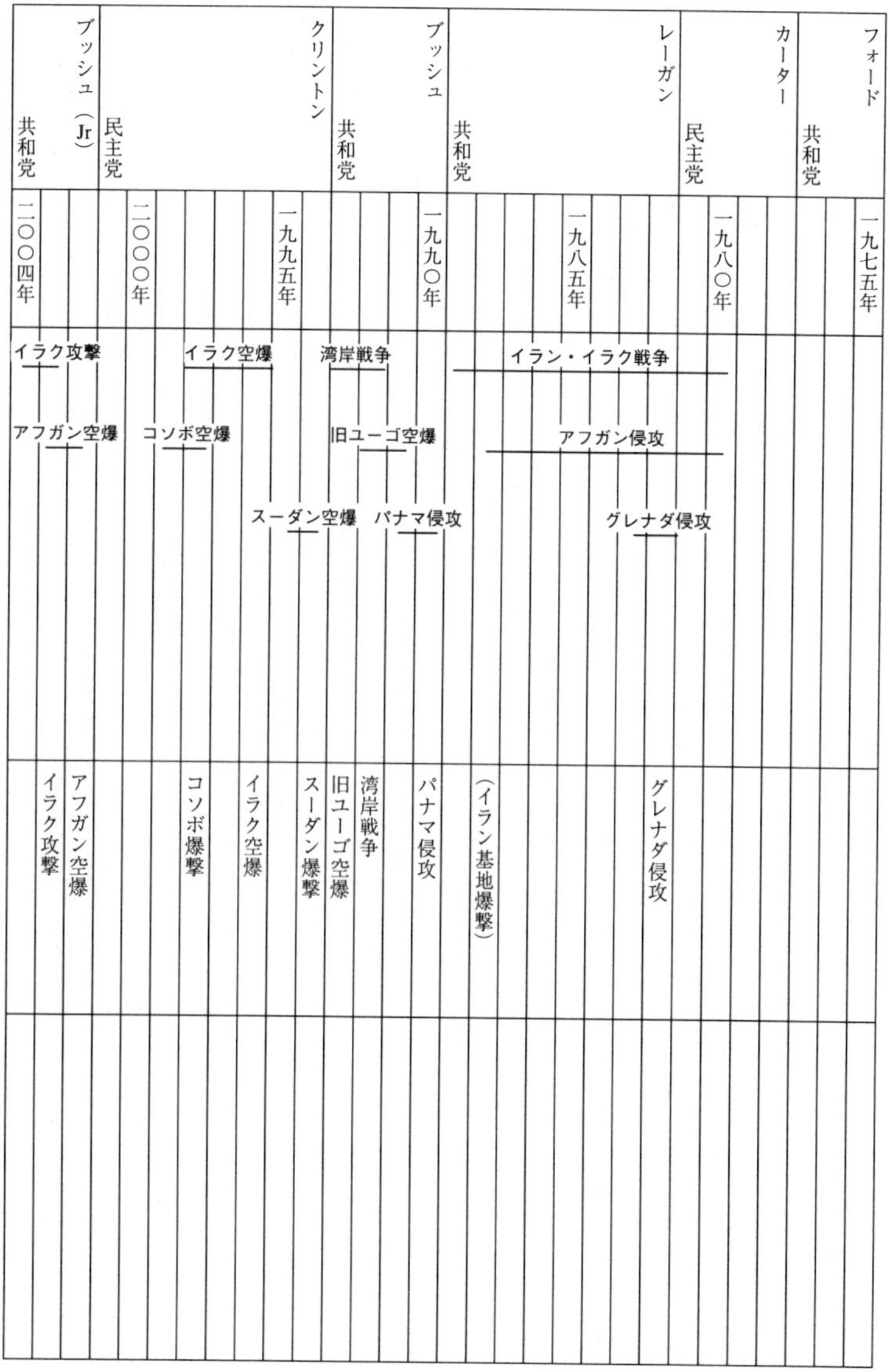

フォード
共和党
一九七五年
カーター
民主党
一九八〇年
レーガン
共和党
一九八五年
ブッシュ
共和党
一九九〇年
クリントン
民主党
一九九五年
二〇〇〇年
ブッシュ（Jr）
共和党
二〇〇四年
イラン・イラク戦争
アフガン侵攻
グレナダ侵攻
湾岸戦争
旧ユーゴ空爆
パナマ侵攻
イラク空爆
コソボ空爆
スーダン空爆
イラク攻撃
アフガン空爆
グレナダ侵攻
（イラン基地爆撃）
パナマ侵攻
湾岸戦争
旧ユーゴ空爆
スーダン爆撃
イラク空爆
コソボ爆撃
アフガン空爆
イラク攻撃

事件やイラン基地爆撃など、またもやアメリカの戦争介入によって世界各地で戦争が勃発しているのである。この時期ソビエトもアフガニスタンに介入し敗北をしているが、その後方支援にはアメリカの関与が取りざたされている。おりしもイラン・イラク戦争でアメリカはCIAを通じてイラクに化学兵器の供与と製造指導を整備させ、それを用いて戦争を遂行させている。内戦時、フセイン政権が生物化学兵器をクルド人に使用したことが明るみに出た時、その行為をアメリカは非難し、イラクは各国から非難され国連による制裁を受けたが、その生物化学兵器はアメリカが提供したものである。

イラン・イラク戦争停戦後、世界で同時に戦争が行われることは少なくなったが、戦争は大規模化するとともに、空爆を受ける側はイスラム教の人々が中心となっていったのである。コソボ紛争、旧ユーゴスラビア空爆、アフガニスタン攻撃そしてイラク攻撃などであり、それらの戦争では大規模な空爆最新兵器の開発と実戦効果の確認がまるで戦争ゲームのように報道されるようになっていった。そして一方の主役はいつもアメリカである。第二次大戦以降、世界各地で大規模な戦争は約一九回起きているが、そのうちの一二回がアメリカによって起こされて、コソボ、旧ユーゴスラビア、イラクなど国連の賛成を得られないまま攻撃が強行されているのである。またルワンダ内戦や、国内のクルド人反体制派と交戦したイラクやトルコなど各国の内戦とは異なって、他国に侵攻し交戦したアメリカの戦争はドミニカ侵攻、リビア空爆、イラン基地爆撃、ソマリア侵攻など、本格的な戦争以外でも八回にわたっている。イラク国内でも湾岸戦争以降、一二年にわたりイラク南部と北部を毎週のように米英機が爆撃していた。報道は少ないが、常にイラク爆撃を継続していたのである(よってイラク人は今回の空爆に驚かないのである)。

米英はイラク南北地域の航空規制区域で爆撃を継続しながら、大がかりなイラク空爆を九三年・九六年・九八年に行いつつアメリカは都合二〇回におよぶ戦争や他国への侵攻を世界各地で行っているのである。平和な日本と比較して、なんと多くの戦争を行っているのであろうか。世界で最も戦争を好んで行っているのはアメリカであり、アメリカは世界の脅威となるのではなかろうか。その戦争好きであることを第二次大戦以後の戦争の回数が如実に物語っている。

アメリカの大統領で誰が戦争をしなかったか

第二次世界大戦以後、アメリカではトルーマンに始まりブッシュ(現)まで一一代の大統領が就任した。この間世界では二〇回戦争が繰り返されている(ただし同じ国家が時期をずらして行った戦争は一回とした)。このうち、アメリカが参戦または単独に行った戦争は一二回に及ぶのである(ちなみにイラクは二回である)。すなわちアメリカの一大統領当たり、一回以上の割合で戦争を行っているのである。さらに近隣諸国への侵攻を含めると、実に二〇回も敢行している。このことから割り出すと、一大統領当たり二回以上の戦争を実施しているのである。

歴代の大統領はトルーマン、アイゼンハワー、ケネディ、ジョンソン、ニクソン、フォード、カーター、レーガン、ブッシュ（前）、クリントンを経て、ブッシュ（現）と続く。

ケネディ大統領以前は第二次大戦が終結したばかりで、国連も安保理事会も世界も平和のシナリオやシステムを持ちえず、世界各地で未だ戦争の火種がくすぶっていた時代であるから、アメリカの参戦も致し方ない背景がある。そして世界平和が唱えられるまでの間、ケネディ、ジョンソン、ニクソン、フォードと四代の大統領就任があって、朝鮮戦争、キューバ侵攻、パナマ侵攻、ドミニカ侵攻、ベトナム戦争、シリア・ヨルダン紛争などを指令している。そして大統領在任期間中に二回の戦争を実施しているのである（ただしフォード大統領を除く）。

ベトナム戦争以後、世界平和が叫ばれた時代を経て、ようやく世界は平和の実現に向けて前進していった。この時代の大統領は「ウォーターゲート事件」で失脚したニクソン大統領を継いだフォード大統領である。フォード大統領はベトナム戦争という「アメリカが手におえない戦争」の終結後にあって、また、反戦に世界の意識が統一された時代に就任したことを反映し、ただ一人戦争を行っていないのである。

そして一九七七年のカーター大統領になるや、またもやアメリカによる戦争が繰り返されたのである。カーター大統領以後、アメリカは大小一〇回程度の空爆や侵攻等の戦争行為を行っているのである。

歴代のアメリカ大統領で最も多く戦争をしている人はクリントン氏である。しかし、それは在任期間がほぼ他の大統領任期の二倍（約八年）に及ぶからである。

クリントン大統領の六回を最多に、他の大統領も在任中二回以上の戦争を発令している。平和の構築が世界中で叫ばれるようになっても、アメリカの大統領は一代当たり二回以上の戦争を繰り返したことになる。ブッシュ大統領も大きな戦争を既に二回経験し、さらに次なる戦争が在任期間に発生するような勢いを秘めている。他の歴代大統領を超えて好戦的であり、戦争を行うことが不可欠であるかのような言動を繰り返している。

ベトナム戦争以後アメリカの戦争相手は共産圏でなく世界各地、特に中東に向けられるようになった。ソビエト連邦崩壊後、冷戦構造は終結し、かつての西側諸国の間にも共産主義に対する脅威が薄らいでいった。その後アメリカの矛先は、豊富な石油資源を盾に資本主義経済を脅かす中東へと向けられていったのである。いや、アメリカ大統領にとって欠くことのできない石油権益を得るために、戦争を必要とする地域となったのである。

特に中東資源の利権価値を見出して権益を得た先代のブッシュ大統領は、中東資源の開発に投資するとともに、アメリカの政策を中東に深く関与させた人物である。そのことによって中東ならびに中東近傍の国々に対する干渉や侵攻を敢行し、反対する国家を戦争という道具をもって従わせるアメリカの姿勢の確立へと導いたのである。

さらに、ブッシュ前大統領がやり残した方針はクリントン政権を経てブッシュ現政権へと引き継がれ、父親の政策や利権確保を成し遂げるため、ブッシュ前大統領の側近の多くを引き継ぐことで一団となって実行に移されていくことになったのである。

「フセイン大統領は戦争好きで世界の脅威になっている」ことが開戦理由の一つにあげられている。しかし歴史上フセイン大統領が他国を侵攻したのは二回である（今回の戦争はアメリカによる攻撃であり、イラクの戦争に含めない）。そしてフセイン大統領の在任期間の二五年をアメリカ大統領に当てはめて戦争回数を求めるとなんと一七回の戦争や侵攻を行っていることになる。その割合を単純に計算するとフセイン大統領の侵略戦争はアメリカ大統領の「八分の一」に過ぎない。したがって単純に数値のみを比較すれば、世界の脅威はアメリカであることは明白である。故にこの真実を今一度再考する必要があるのではなかろうか。イラン前大統領や多くの賢者が、フセイン大統領よりアメリカ政府の脅威が大きいと語っていることを理解する必要があろう。

アメリカの戦争行為を党派別に集計すると一九六〇年以降共和党は一七回、対して民主党は五回の戦争や介入を行っていて、いかにブッシュ政権の共和党は戦争を政権維持のために用いているかがわかる。

大統領と戦争行為一覧表

大統領	年代と政党	主なる戦争	中東地域	その他	基本方針
ケネディ（二年）	一九六一～一九六三 民主党	キューバ侵攻 ベトナム戦争			ソビエト理解
ジョンソン（六年）	一九六三～一九六九 民主党	ドミニカ侵攻 リビア干渉	中東戦争	トンキン湾事件	アメリカの力に挑むすべてと対抗
ニクソン（五年）	一九六九～一九七四 共和党	ベトナム戦争（最大規模） カンボジア介入	シリア・ヨルダン紛争	ウォーターゲート事件	平和の構成
フォード（三年）	一九七四～一九七七 共和党				右記承継
カーター（四年）	一九七七～一九八一 民主党	アフガン強硬姿勢 イラン作戦	（フセイン政権誕生） イラン・イラク戦争	石油統制し戦争の道具化	人権外交

レーガン （八年）	一九八一〜 一九八九 共和党	グレナダ侵攻 リビア爆撃 イラン基地爆撃	イスラエルのイラク 爆撃 イラン・ゲート		軍備拡大路線
ブッシュ （四年）	一九八九〜 一九九三 共和党	パナマ派兵 湾岸戦争 イラク戦争	クウェート侵攻		対ソ封じ込め政策 の終結
クリントン （八年）	一九九三〜 二〇〇一 民主党	ソマリア介入 スーダン爆撃 コソボ空爆 アフガン爆撃 ユーゴ空爆 イラン爆撃			力の外交
ブッシュJr （現在三年）	二〇〇一〜 今日 共和党	アフガン空爆 イラク攻撃		同時テロ事件	テロの撲滅

さて、このように好戦的なアメリカが行っている戦争と戦争の間隔は四年から六年である。この戦争の間隔は何を意味しているのであろう。特筆すべきは、この開戦間隔が大統領選挙および上院の中間選挙の時期と「偶然にも」一致していることである。今回のイラク攻撃開始に

当たって開かれた記者会見でアメリカメディアを代表する記者より「中間選挙の今なぜイラク戦争なのか」「選挙のための開戦か」との質問が政府に対して浴びせられている。

しかしそれまで低かった大統領支持率が、イラク攻撃を発表した途端、最高値に達したのである。それは中間選挙の二ヶ月前で、選挙対策に最も適した時期と符合するのは偶然かもしれないが、大統領支持の安定化に寄与したことは確かだ。政権末期、ニクソン大統領は膠着状態に陥ったベトナム戦争の打開と政権の安定化を図るため、「強いアメリカ」を演出するため開戦後最大となる兵力を派遣した。まるで、アメリカはオリンピックやサッカーのワールド杯と同じ周期で戦争を行っているようである。何よりアメリカを束ねるためには、北朝鮮と同じく他国の脅威を演出する必要があるのではなかろうか。その演出のため、大統領直属のＣＩＡが世界各地で工作活動――俗に言う戦争へのマッチポンプ――を行っているように感じられてならない。

では他国の戦争回数はどのくらいかアメリカと比較してみることにした。第二次大戦以降四年に一回の割合で戦争を行うアメリカに対し、約五五年間に英国は五～六回、フランスは三回程度、イラクは二回程度である（ただし、小規模な内戦は含めていない）。これだけでもアメリカの好戦性が浮き彫りになってくるし、英国もこれに追従している。

英国やアメリカの好戦性は他に類を見ないものであるが、それはアメリカが世界に派兵駐留していることと深く関わってくる。そして米軍の駐留国が共同して戦争を行うことはアメリカに依存することから生ずるものであろう。したがってアメリカのみが責任を有するものではないと考えられるが、国連決議の反対を押し切って強行したコソボ紛争や旧ユーゴスラビア空爆、ベトナム戦争ならびにイラク攻撃などでも国連が目指した平和の対話を無視して戦うことを強行し、戦争行為を正義の理論にすり替えているのである。

アメリカが中東に関わってきた時期

レーガン政権時に軍備拡大政策が敷かれ、アメリカは世界最大の軍事国家へと変貌していった。しかし、レーガン政権時は露骨に権益を表面に出すことができず、さらにソビエトの抑止効果もあってイスラエルを支援するアメリカと中東は乖離しており、中東は安全にアメリカとの関係を保っていたのである。

しかし、先代のブッシュ政権時代の一九八九年から、石油などの資源を背景に内政干渉を行う国へと改変していった。そしてソビエトが崩壊しロシアへ移行してからは、アメリカへの抑止国家は皆無となり、アメリカの世界単独支配が徐々に確立されていった。それに伴い他国への干渉を禁止する国連を無視して内政干渉国家へと転進していった。

この時期からアメリカ資本と世界統治の流れは重複し始め、世界に散らばるアメリカ資本の安全を米軍が守るという図式が確立されていった。その中には利権構造の保全も含まれ、特にブッシュ家の利権は中東の資源を媒介として拡大し、国軍や大統領直轄の組織を駆使してブッシュ家の利権を守る行為がアメリカ政府の経済政策の一環であるかのごとく表現され塗り変えられていったのである。そして側近の体制固めや国民の情報操作を行いつつ進められているのではないかと見られている。

現ブッシュ大統領の側近達——パウエル国務長官以外のほぼすべての長官、副長官、政策委員長など——は軍事産業および石油産業の利権代理人を兼業する人物によって固められているのである。この側近たちの方針とＣＩＡの陰謀が絡み合い、民意によって生まれたイラン、イラク、シリアなどの国家を敵国に定めていった。だがこれらの反米国家を除いた中東の国々はサウジアラビアやクウェート、ＵＡＥ（アラブ首長国連邦）など王制独裁を国是と定めた非民主的な、アメリカ大統領の利権確保に協力的な国家である。これらの国々は豊富な石油輸出や武器輸入によってアメリカと強い経済関係を結んでいる。そしてそれらの国々をアメリカは経済支配しているのである（中東地域が王制独裁になるのは地域の伝統・文化が大きく関与しており、一概に悪とは決められない。むしろ自然な流れであると考えられる）。

もし、アメリカが中東各国に真の民主化を求めたらサウジやクウェート、ＵＡＥなどの政権に崩壊を招くであろう。これらの国々がちりばめられた中東地域は利権拡大を行うのに適した地域であり、ブッシュ政権は手放すことができない。しかし中東には悪の枢軸と指名され、ブッシュ政権との経済交流を極力拒む国家も存在する。これが中東世界とアメリカを複雑に交錯させ遺恨をもたらす隠された真実である。

第三章　武器輸出大国アメリカと戦争

武器輸出の状況

アメリカは世界最大の武器輸出国である。その輸出量は世界で武器輸出を行っている上位一〇ヶ国の約五八％を占めている（全世界の武器輸出量でアメリカは三二％を占める）。アメリカの武器輸出力は高く、品質も優れていて、長年世界第一位の地位を保持し、その地位は揺るぎないものがある。輸出先にはイラクやアルカイダ、アフガニスタン、イランなど今ではアメリカに敵対する国家や団体も含まれていたのである。そして大統領直属のＣＩＡなどは、国連が禁止している時期でもイラクに対し武器輸出の調整と便宜を図り、後方支援を行っていたのである（イランへの輸出はパーレビ王朝の時代まで行われていた）。

北朝鮮の武器輸出運搬船が公海上で臨検された行為は、国連の規約にもなく、正式には越権行為であるが、現在の日本人の国民感情からすると妥当性があるものと考える。しかし国連や国際的な意向を無視して、武器輸出を無制限に行っている国は存在する。アメリカは他国の武器輸出の臨検を行っても自国の臨検を受け入れることはない。国連の規制を潜り抜け、イラクやアフガニスタン、イスラエルとも武器輸出の裏取引を行っていることに鑑みれば、(イラクにミサイルや炭疽菌をはじめとする生物化学兵器を提供した)アメリカの武器輸出を臨検する国際機関が必要ではなかろうか。このアメリカの武器輸出の是非を臨検できないことが世界秩序を破壊している一因にもなっている。世界最強国こそ、その任務を果たさねばならないのである。

さらにはアメリカが戦争のたびに新しい兵器を開発・使用していることも問題解決を困難にしている。年間約四兆円という輸出額は日本の実質国家予算(国債の償還費を除く)の一割にも達する。日本の年間の防衛予算にも匹敵するこの金額が、いかに大きいものかがわかるだろう。実戦に投入されてその性能が証明された武器には「箔」がつき、商談がスムーズに運ぶであろうことも明白である。

国防統計によると世界の武器輸出国家はアメリカについで英国、フランス、ロシア、中国、ドイツ、北朝鮮、イタリア、スウェーデン、スペインなどと続く。イラク戦争では、攻撃を支持するアメリカ、英国、スペインに対して、それに反対するフランス、ロシア、ドイツ、中国の二つのグループが国連を舞台に対立しているが、この二つのグループはイラク攻撃の是非について対立している国々であるとともに、アメリカなどイラクに石油利権がない国とある国の対立となっている。さらにそれらの国々はすべて武器輸出国家のベストテンに属することを理解すべきである。そこにイラク攻撃の賛否を国連で争った真実の回答があるように考えられる。

一方武器輸入国は台湾、日本のアジアの輸入上位国を除くと、サウジアラビア、クウェート、エジプト、イラン、トルコ、カタール、UAE等の中東および中東近傍に分布するイスラム教国家である、その輸入量は二兆三千億円に達し、アメリカの武器輸出金額の約半分を占めるのである。残りを台湾、韓国、日本、イスラエルなどのアメリカの同盟国が占めている。以上の国々を含めたアメリカの武器輸出総額は年間約四兆円である。そして中東が輸入する武器の大半がアメリカ製と考えられ、アメリカ以外から武器を輸入している国はアメリカからテロ枢軸国家の烙印を押されている。一方アメリカから武器を輸入している高額上位国家はすべて親米国家といわれている。したがってアメリカから武器輸入しない国は非同盟国であり、いずれアメリカによって何らかの攻撃を受けるだろうことが予測される。その標的になるだろう国家の元首は恐怖心を掻き立てられているにちがいない。

イラクのようにロシアから武器の輸入を受けていた国は、ロシアの武器輸出の落ち込み（約四〇％の減少）に伴って、対戦装備の後退が進んでいると考えられるが、湾岸戦争以後のイラクにはその傾向が顕著に表れていた。それはアメリカと戦闘する「力」すらない状態を示すもので、アメリカの攻撃以前からイラクの敗北が囁かれていた。そしてアメリカの攻撃にイラクはいつまで耐えられるかとの賭けが行われるほどであった（国防統計にはイラクの武器輸入は記載されていないが、アメリカの十分の一となっているロシアからの輸入または自国開発を推進していると考えられる）。

ブッシュ政権はアメリカから武器を購入しないイラクの動向が読めずに苦慮するか、それとも武器をコピーされ損失を受けたアメリカの軍事産業の逆鱗に触れたかのいずれかではないだろうか。しかし、フセイン政権打倒後のイラク国軍は豊富な石油資源によってアメリカ製の装備で占めることが可能であり、有益な武器輸出先が確保されたアメリカの武器輸出先数および輸出量と金額はさらに増加するのであろう。イラク攻撃の収束と数年後に表れるアメリカの武器輸出額の変化によって、その結果を知ることが可能である。

二〇〇三年一〜三月のアメリカ防衛産業の決算が発表された。それによると、イラク攻撃に伴う米軍のハイテク装備拡大の動きを色濃く反映して、トマホーク（巡航ミサイル）や情報システムの受注が軒並み増伸している。グラマン社は前年度比の四九％増で赤字から黒字経営に転換し、ボーイング社も民間航空機の落ち込みを戦闘機の納品で回復している。さらにロッキード社も同様に軍事産業で高い収益を得ているのである。この収益はイラク石油の売却益および同盟国の資金拠出によってまかなわれるのであろう。なんと美味しい経営をブッシュ政権と

世界の武器輸出入の状況　単位＝百万ドル

武器輸出国家と金額			武器輸入国家と金額		
国名	一九九〇年	一九九七年	国名	一九九〇年	一九九七年
アメリカ	二五六五〇	三一八〇〇	サウジアラビア	八九〇〇	一一六〇〇
英国	五三八七	六六〇〇	台湾	一一七一	九二〇〇
フランス	六〇九〇	五九〇〇	日本	一八七四	二六〇〇
ロシア	三九三五	二三〇〇	英国	一五二三	二一〇〇
中国	二六九六	一一〇〇	クウェート	三一六	二〇〇〇
スウェーデン	八四九	九〇〇	エジプト	一五二三	一六〇〇
北朝鮮	二四六	七〇一	トルコ	一五二三	一六〇〇
イタリア	二三四	七〇〇	アメリカ	二一〇八	一六〇〇
カナダ	七三二	五五〇	UAE	一八七四	一四〇〇
オランダ	二三四	五〇〇	イスラエル	一六四〇	一一〇〇

注：ロシアは一九九〇年の発表がなく一九九五年を用いた（国防統計書より）

ともに軍事産業の巨大企業は行っているのであろう。そしてブッシュ政権の中心には死の商人の利権を代行しているチェイニー副大統領をはじめとする人々がいることが指摘されている。このイラク攻撃の武器代金の一部は、日本など同盟国の負担金によってまかなわれることが現実的に囁かれている。

アメリカ政府は武器輸出の売上高を伸ばすために、イラクやアフガニスタン、旧ユーゴスラビアなどで「兵器開発と実験を目的とした戦争」を行っているのではないだろうか。

ほぼ四年に一度の割合で行う戦争では「新しい兵器」を開発していることを示している。過去には原子爆弾をはじめ火炎放射器、枯葉剤投下などがベトナム戦争の終結まで開発使用されてきた。直近の戦争ではステルス戦闘機や無人調査機など兵士を守る必要から、新しい兵器が製造使用されている（人道上やむを得ない開発と理解を示せるが）。しかし、誘導クラスター爆弾やデージー・カッター爆弾、劣化ウラン弾、空気爆弾など対人殺傷力を最高度に高めた爆弾をも開発し用いている。イラク攻撃は実況中継がされ、きのこ雲が数百メートルに上がり、あたかもミニ原爆が投下されたような映像が映し出されていた。また、枯葉剤爆弾や劣化ウラン弾など、原子爆弾ともども子孫代々の遺伝子まで影響を与える砲弾をアメリカは使用しているのである。ベトナム戦争後も問題となっている枯葉剤で障害を持って生まれた子供達。先の湾岸戦争においては、イラク人のみならず米軍兵士自身も劣化ウラン弾の取り扱い等々によって障害を持って帰還したことがCNNの放送で伝えられている。さらに昨今は小型原子爆弾と言われる破壊力を持ったMOABと称する爆弾の実験を行っているほか、水爆の起爆装置を製造している。アメリカの実験は戦争の抑止につながると従来は考えられていたが、実際は実戦で使用し、死の商人となって営業展開しているのではなかろうか。その尖兵と企画を担当しているのが時の大統領ではなかろうか。

戦場で実践・実証された武器は価値を高め、その後輸出品目として同盟各国へ売却されていくものと思われる。アメリカ国内での実験ばかりでなく戦場で実際に試運転を試みた兵器の信頼性は高まり、その販売効果は計り知れない。日本も密かに国連が危惧する非人道的なクラスター爆弾を購入しており、いかなる状況下や戦争を想定した上で用いるのか国会で論争になるものと考えられる。しかし正義を忘れた議員では困難かと危惧される。

イラク戦争には兵器関連の利権に関わっているチェイニー副大統領達の仲間が多数を占め、石油利権の人脈を圧倒している感が否めない。次なる戦争では新たな武器が開発されていくのではなかろうか。折しも北朝鮮問題の三ヶ国協議（その後六ヶ国協議となった）が始まったこの時期に合わせ、ブッシュ政権は核爆弾にとって重要な「水爆の引き金」を一四年ぶりに製造したと米エネルギー省が発表している（四月二四日）。北朝鮮での戦争時は多くの米兵が死傷することが予測される。そこで米兵の安全を第一にとらえ、一気に戦争を終結させるため、原

アフガンやイラク戦争に使用されている主なる爆弾

名　称	内　容
エンハンスト・ベーブウェイ	九〇〇ｋ爆弾でＭＯＡＢに類似した爆弾
トマホーク巡航ミサイル	地形を理解しながら爆撃する（劣化ウラン弾使用疑惑あり）
バンカーバスター	地中深く爆発させる（劣化ウラン弾を充填した疑惑あり）
クラスター爆弾	数百メートルの範囲に子爆弾を散弾させる対人爆弾
劣化ウラン弾	爆発力を最大限高めた弾丸
ＭＯＡＢ	小型原子爆弾といわれる
ＢＬＵ―八二	核兵器に似た威力をもつ爆弾

水爆使用を視野に入れていることを物語っている。ベトナム戦争も多大な兵士の戦死が停戦を決意させたように、米兵の死亡が多数におよぶと政府への支持が得られないからだろう。こうした身勝手さが覗われるのがアメリカ国民の思考方法であり、アメリカの戦争手法である。

化学兵器はアメリカが最も使用している

第二次大戦で広島、長崎に投下した「原子爆弾」をはじめ、ベトナム戦争の「枯葉剤」、湾岸戦争の「劣化ウラン弾」など人体や遺伝子までも破壊する兵器をアメリカは使用してきている。広島長崎の被爆者は多数に及び、子々孫々の遺伝子にまで影響を与えたのである。私の知人も親の被爆の影響を受け、結婚の機会を失っていたのである。ベトナム戦争で使用した枯葉剤では「ドクちゃんベトちゃん」のように人としての権利を生まれながら奪われてしまった例や、湾岸戦争では米軍が放った劣化ウラン弾によって多くのイラクの子供たちが白血病を患って死亡している。さらにアメリカ兵の中にも同様の病気の兵士が現われた。アメリカは初め、この病気をイラクの生物兵器使用によるものと報道していたが、イラクと交戦のない兵士達も被害にあったことから真実が露呈したのである。

イラク問題に触れアメリカはつねづね生物化学兵器の脅威を指摘し、開戦の正当性を主張していた。英国のブレア首相もイラクの生物化学兵器が深刻な問題を引き起こすと表明して戦争の正当性を認めていた（アメリカの意を汲んだものと思われる）。しかし歴史を紐解くと、アメリカはイラクとは比較にならないほど頻繁に化学兵器を使用している。そして、アメリカと戦った国々に障害を持って生まれた子供が多数存在することを見逃してはならない。炭疽菌事件の発生源も米軍の研究所であったように、アメリカが生物化学兵器の開発を進め、その一部をイラクに装備させたことを忘れてはならない。

一月二六日のロサンゼルス・タイムズ紙において軍事評論家のウィリアム・アーキン氏は

「ペンタゴンがイラクで核爆弾を用いることを検討していた」と明らかにしている。また、ラムズフェルド国防長官が「米軍が特殊な生物化学兵器の使用を検討している」と米下院軍事委員会の場で述べたと報じている。このようにアメリカは過去を含め現在の戦争においても核物質や生物化学兵器を使用しているのである。米軍が生物化学兵器の使用を試みて、そしてイラクにその所有と運用を指導していたからこそ恐怖を感じるのである。

それと同様に歴代のアメリカ大統領は大統領直轄のＣＩＡを駆使して世界の要人（カダフィ、ホメイニ、カストロ、フセイン等の各元首）を暗殺する計画を推進しているから、逆にテロの恐怖に怯えるのである。前大統領も大統領の暗殺計画があったとしてイラクを爆撃している。恐怖心を活用し国民の賛同を得て戦争へと猛進する姿は、日本軍が行った世界大戦の手法と酷似している。戦争に際しては国家が一つに団結するのがアメリカ国民の特徴であり、善悪や根底に横たわる情報操作には目もくれずに進んでいくのである。強いアメリカのためならいかなる兵器も正当であり、化学兵器の対人被害などどうでもよく、世界が利用を制限している核兵器も戦争の道具に用いるのである。

核兵器廃絶に取り組む科学者組織「パグウォッシュ会議」のマンコム・スワミナサン会長は三月二二日「イラク攻撃は防ぐことができた。不要なものだった」と強く抗議した。この背景にはイラク開戦に向け、ブッシュ政権内に「原爆の使用」をにじませる発言が数回出されており、戦況が混迷に達した場合、核兵器や化学兵器が使用される危険を感知したためと考えられる。原爆の製造ならびに使用する権利を非難し、世界平和のため不使用の見本を自ら示さなければならない立場のアメリカが、いとも簡単に原爆使用を示唆していた。また二〇〇三年九月二〇日のラジオ放送でアメリカが核実験を行ったことを報道していた。このことに対して日本政府は抗議して当然のところ支持に回っており、被爆国家としてははなはだしい認識不足に思われる。化学兵器を用い続けるアメリカに対し、日本は不使用の原則を貫く姿勢を示すべきである。同盟国であるとはいえ、言葉だけでも反対を表明すべきであり、それが国際秩序に寄与する崇高な政治姿勢であろう。今日本の平和の基本原則が捻じ曲げられ自己の権益のみを考え平和を放棄する思考方法が行政の頂点にまで蔓延している。ぜひ改善されたいものである。

第四章　アメリカの戦争手法

アメリカの戦争手法

アメリカ政府が画策する対戦国は、アメリカ経済に対峙している国々、豊富な資源をもっていながらアメリカに従属しない国家、戦争後の復興に投資した見返りが得られる国家と地域である。またはアメリカの軍需産業の育成維持に欠かすことができない時期に、米国防総省が望む戦争と兵器の実験が可能な国々および地域である。その他に最も重要な点は、イスラエルに敵対する国家などがその標的として指名されている。

その戦争手法は敵対した国が反論に窮するような質問をし、その国を国際連合から孤立させアメリカの目指す主張に重みをもたせるよう操作を行うというものである。その情報操作方法の基本は国家元首、いわゆる「個人」を対戦相手に定めることである。個人との戦いをアピールすることによって、元首の違法性を捏造して世界各国の共通の敵であるかのように仕立てあげ、開戦を受けいれやすい環境づくりを行ったうえで戦争へと進んでいる。まさにアメリカに有利に運ぶための情報操作を繰り返している。まるで小心者が喧嘩の前に虚勢を張るように、戦争が避けられないような環境づくりを行ってから戦争へ突入するのである。この他にアメリカが企画する戦争理由は多彩を極めている。その一部を以下にまとめ、基本事項として検証を行っておく。

個人名を唱え対戦国の代表者の排除を建前に偽装する

アメリカが本当に「自由や民主化」を目的として戦争を行っているのかとの問いには、明確に「NO」と言える。湾岸地域に最も詳しい権威の一人である浅井信雄国際政治学者の述べる通り、イラク戦争に賛同している湾岸国家は独裁王制国家や独裁性の高い国家である。サウジやクウェート、UAE、オマーンなどその代表格であり、女性にはベールで顔を隠すことを命じ、自由に働くことやサッカー場に立ち入ることさえ禁止するような宗教で国民統制している国家群である。一方真の民主化によって誕生した国々はイランや王制打倒直後のイラク、トルコおよびシリアなどで、発足当時は民意を反映していたが後に独裁国家に変わっていった。そしてそれらの国々は「反米」国家となっていたのである。

アメリカが真の自由化・民主化を求めるなら、それぞれの国民の民意を反映させ、国際社会に届くよう導くことが重要である。その民衆の意識を理解しないアメリカは、自らが望む国家体制に変貌させるためにアメリカ的な戦争（空爆を行うのみである）を行っている。そして諸悪の根源は指導者ならびにその体制にありと言及し、指導者と市民を分離するような戦略を駆使して「戦い」を行うのである。

第二次大戦で見られるように、今も世界各地で元首が戦争を引き起こしたとの理由で、開戦が避けられないという状況を印象づけながら大規模な戦争へと駒を進めている。そしてアメリカが行った過去そして現在の戦争はすべて個人名を掲げている。ベトナムのホーチミン大統領やリビアのカダフィ大佐、キューバのカストロ首相やゲバラ氏、イランのホメイニ師、パナマのノリエガ将軍、旧ユーゴスラビアのミロシェビッチ大統領、アフガンでのオサマ・ビン・ラディン氏など地域や国家の代表を戦争のターゲットに絞り、あたかも彼らと戦っているかのように表現し、国民や世界の人々だけでなく、戦争を仕かけた相手国の国民からも同意を得やすい環境づくりを演出した「深慮遠謀」が世界戦略として画策されているのである。

イラク攻撃はアメリカの従来の戦略が踏襲され、「オサマ・ビン・ラディンと結託したフセイン＝悪」と位置づけてフセイン打倒を掲げたが、オサマ・ビン・ラディン氏とブッシュ大統領の関わりは報道されても、オサマ・ビン・ラディン氏とフセイン大統領個人を結びつける情報は得られていない。開戦への初期構想では「独裁政治＝テロ支援国家と同一」とする視点に重点を置いたようである。しかしブッシュとオサマ・ビン・ラディン氏の交友関係の信憑性が極めて高いことから、オサマ・ビン・ラディン氏と共闘するフセイン像を形作ることができなかった。そして、同時多発テロを起こしたオサマ・ビン・ラディン氏の延長線上にフセイン大統領の影があるように印象づけることが難しくなった。

だが「世界の正義を構築する最も強い国家アメリカ」を意識するあまり、世界の報道機関はアフガニスタン空爆やイラク攻撃以後もまったく真実を語っていない。イラク攻撃終結後もフセイン大統領とオサマ・ビン・ラディン氏との関係を示す情報は何も提供されていない。オサマ・ビン・ラディン氏とのつながりに詰まって、ブッシュ政権の側近に情報操作の手法に誤りや先走りが多く見られるようになった。

フセイン大統領の過去の悪行を羅列したが、世界を説得できる状況は生まれない。そこで今度は方向を転換して、証明するに困難な「大量破壊兵器の隠匿疑惑」を国連や世界に対し主張していった。そして同盟国への説明も明らかに証拠写真や物質提示をせず物的証拠が不要となる「隠匿疑惑」に絞り開戦へ導くという手法をとっていった。そして見事に成功したのである。だがその成功はブッシュ政権の強権に慄いた世界が見せた姿勢である。

しかしその後、速やかでないが査察への協力姿勢が見えたイラクに世界が安堵した時は再度、フセイン個人を対象にした従来の戦法に立ち戻っていった。だがフセイン大統領と国民の切り離しは不調に終わり、周辺国家の義勇兵を吸収しながら国民と国家が一体となってイラクの戦争はイスラム圏を巻き込んだ戦いへとなっていったのである。したがって、戦争の対象はフセイン大統領個人としつつも、イラク国家やイスラム人民との戦争へと移っていかざるを得なくなったのである。もしフランス、ドイツ、ロシア、中国が戦争への疑問を挟まなかったら、フセイン大統領打倒一本で開戦が可能であり、各国の世論はアメリカに賞賛を送っていたかもしれない。もつれにもつれた戦争理由となったのである。

しかし、本来のもつれは「理由なき攻撃」や「ブッシュ家の復讐」と「利権確保」の戦争であって、国家間で行うような戦争ではなかったことにある。ましてやイラク国民の多くは失業状態で（イスラム教国に当然のようにある失業である）、貧しくともイラク国家より穀物の配給等を受けて（石油による国家配給）生活しているのである。従って北朝鮮のような状況と異なるのである。フセイン大統領に取って代わる新政権を望む一方で、大統領と同じイスラム教スンニ派のバクダッド市民は、政府から優遇配給を受けながら現政権を承認していたのである。その一方でクルド人やシーア派の人々は政権の交代を求めつつも、再度同じような体制が造られるのを警戒して急激な政変を望んでいないようであった。さらにイラクは北朝鮮と異なり、比較的自由に外国の放送を見たり、近隣国家に渡航や出稼ぎできるなど切迫した状況ではなく、速やかな解体が必要という状況ではなかった。すなわちアメリカの言うフセイン退治が国際的に認知される状況ではなかったのである。だが、フセイン政権によって貧しさから逃れることのできない国民が多くいたことも事実だ。同じイラク国民でありながらクルド民族や南部のシーア派はフセイン政権によって迫害されていて、この方面からイラクを攻めたならばブッシュ大統領の目指すフセイン打倒は容易に可能であったであろう。その考えからであろう、遅ればせながらアメリカは両地域の団体との連帯を考えた。しかし反フセインとはいえ、他国の干渉を嫌うイスラム民族はアメリカ型の民主化に拒否反応を示すだろうことは明白である。体制に迫害されながら貧困を甘受しなければならない人々は他のイスラム国家にも多数存在するのである。このことをブッシュ政権が自由民主主義の改善として立ち向かうなら、イラク周辺の国家のすべてを攻撃しなくてはならないのである。現にブッシュ政権はイランを標的にしているようでアメリカの放送網を駆使してすでに国民を扇動している。

いずれにせよフセイン政権打倒後は米軍の長期駐留が必要で、中途半端な方針では現在も混沌としているアフガンの二の舞になるだろう。さらに首都バクダッドを占めるスンニ派を一掃しない限り、クルド人やシーア派が主体となった政権は困難であり、ヨーロッパに拠点を置く反体制派に政権が移行するには紆余曲折もあるだろう。強引に外国居住のイラク人を主体とする政権を擁立すれば、内戦に発展する可能性は十分に考えられる。

世の民衆よ、アメリカの「国家指導者を名指しにし、国家転覆を画策する戦争」は自由や民主化に貢献しないことを肝に銘じるべきである。それゆえであろう。個人名を掲げるのは単にアメリカが戦争を有利に進めるための情報操作にすぎない。それが世界を凋落させる手段であることは、近年のアメリカの戦争で立証されているのである。その一例が国民の自由を奪う独裁者として攻撃を受けたリビアのカダフィ大佐やキューバのカストロ首相は未だ存命で、穏健な国家を作り上げている。そして何よりアメリカのイラク攻撃に反対を表明しているのである。旧ユーゴのミロシェビッチ大統領もアメリカは逮捕せず空爆を行うのみで基本的な問題の解決に向けた努力をしていない。旧ユーゴ空爆には反対だったEUが対応し裁判にかけているほどである。ベトナムもイランも北朝鮮もかつてアメリカが攻撃した国であるが国家体制は今なお健在で、何も変化が起きていない。国を分割したことによって旧ユーゴスラビアのみが独裁政治から解放された。しかし未だに政治の混乱は続いているし、さらにテロ行為が起きている。アフガニスタンも未だに混沌としているし、イラクはこれから大きく混迷を深めるであろう。その解決には国家分割に進むかも知れない。このようにアメリカの示す自由・民主主義はほとんど根づいておらず、空爆で都市を破壊し、多くの民間人や兵士を死に追いやったという事実だけが歴史に刻まれているのである。イラク戦争は何のための戦争であったのであろうか。アメリカが敵対したリビアやキューバは未だ独裁に等しい国家である。だがしかし首長を威嚇する反体制勢力が弱体化したことで、イラク攻撃に協力したサウジアラビアなどと変わらない、一人の元首に統治された穏健な国家となっているのである。

北部のクルド地区が武力を伴った反体制派とならないようにアメリカが指導を強化し、国連査察を継続したなら、イラクも世界にとって脅威のない自由で穏健な国家に変貌したであろうことが過去にアメリカと対立した独裁国家の例からも読み取れる。その真実は米英が攻撃する直前のイラクに垣間見られた。他国に侵攻できるような戦力を失い、穏健なイスラム国家へ移行しつつあった（資本主義でなく、イスラム国家であることを混同しないことが必要）。しかしブッシュ政権は英国を巻き込み、ヨーロッパに居住する反体制派を扇動して反イラク包囲網を支援し、大統領直轄機関で違法行為も許されているＣＩＡを暗躍させ、そして捏造した証拠を持って国連でイラクの危険性を説明し攻撃を敢行しているのである（アメリカは、イラク攻撃の前に反体制派に一〇億円を供与。そしてＣＩＡは反体制派の軍事訓練をアメリカ本土で行っている）。

さて、今後アメリカが対戦相手とするのは、イランのハタミ大統領、シリアのバジャル大統領、エジプトのムバラク大統領、リビアのカダフィ大佐などの共和制国家や一党独裁政府の元首だろう。王制独裁の国ではサウジアラビアのアブドラ皇太子、オマーンのカブース国王などが考えられる。だがオマーンなど二三三万人ほどの人口の小国家はアメリカに敵対せず従属するであろうから除外されよう。独裁政治では金正日元首なども含まれるが、地理的要因や資源、韓国との調整から一挙に改変または攻撃が困難と考えられる。

アメリカに従属しない国を攻撃する

近年日本にもアメリカから戦争への筋道を誘導される危険をはらんだ時期があった。日米の貿易不均衡がはなはだしく拡大していた時期、いわゆるスーパー三〇一条やウルグアイラウンド（多角的貿易交渉）で日本が農業保護を前面に打ち出した時、アメリカは日本叩きを策定していた。日本側にも頭ごなしの従属要求を受け入れがたいとの論調が支配しつつあってアメリカとの対決姿勢が水面下に進行していった。もちろんアメリカの報道でも日本に対する尖鋭化した論調が目立っていったのである。しかし、日本国憲法の浸透が騒動を抑止したのではなかろうか。そしてさらに日本政府がアメリカへの従属度を高めたことから、険悪な状況が回避できたのであろう。このことは『アメリカは何を考えているのか』にも記述されている。

「湾岸戦争の帰結の三番目は、アメリカ人が、日本の弱さと強さに同時に直面しなければならないという矛盾だった。日本の弱さは、一九九〇年の秋に露呈された。それは、海部総理と自民党が国連平和協力法案を成立させることができなかったことである。

アメリカの「見直し論者《リビジョニスト》」は、数年来、日本の強大化そしてアメリカとの利益衝突に警告を発し、日本を封じ込めなければならない、と論じてきた。ところが、世界規模の危機状況［湾岸戦争」では、日本の姿はいつも観客席にあった。日本が国際舞台に上ることは、ほとんどなかったのである。皮肉にも、このことによって、アメリカの利益を脅かす万能日本のイメージは、だいなしになった。

しかし同時に、アメリカ人は、政府各省の長官が世界中をまわって湾岸戦争維持のため財政援助を要請し、ときには哀願さえしなければならず、しかもそのために、昨日の敵である日本とドイツに依存していて、その両国の援助がなければ、大規模な警察行動をとることもできないという事実が、鮮明になったのである」

と書き記している。はからずもこの文面から、アメリカが日本の経済脅威の封じ込めを政策として持っていることがうかがわれる。アメリカはかつて従属しないリビア、イラン、キューバ、中国などを恫喝し今でもアフガンやイラクそしてイランに同じ行為を繰り返している。そしてブッシュ政権はテロ支援国家として、イラン、イラク、リビア、シリア、北朝鮮、スーダン、キューバをあげ、そのうちのイラン、イラク、北朝鮮を「悪の枢軸」と分類したのである。そのアメリカに睨まれた国々は独裁性を指摘され元首が非難されているのである。しかし、このアメリカに睨まれた国々の中で、真実アメリカと対等に戦える国がいかほどあろうか。皆無と言えよう。みな、経済も国力も小さく弱い国々である。ただしキューバのように近傍に位置する国のプロパガンダや小さな武力は十分に脅威となるかもしれない。しかし地球の反対側の国々が直接アメリカの脅威になることがあろうか、むしろないと判断するのが常識である。そして歴史上、軍事力によってアメリカ本土ならびに本土に近い領土を直撃した国はパールハーバー攻撃の日本とアメリカ建国時のイギリス以外にないことをブッシュ政権は再認識すべきである。そして何より、その両国は今ではアメリカが最も信頼に値するとする国家であり、たとえアメリカの横暴が国連各国に批判されてもアメリカに同調するきわめて従順な同盟国でもある。

歴代のアメリカ政権は、アメリカの戦争に賛成しない国には「敵」か「味方」に分類する「踏絵」を踏ませ、反対する国は経済力を盾に恫喝した。イラク戦争でもその方針がはっきりと示され、今後の経済協力をちらつかせながら、まるで恫喝するようにイラク隣国を説き伏せている。先のアフガニスタンでも、パキスタンに対し「戦争か経済援助を受けるか」という二者択一を強要している。イラク戦争ではさらに悪質になり、ブッシュ大統領はフランスやロシアにも経済的圧力をかけ戦後の石油利権の喪失をもたらすことを示唆しているのである。そして戦争終結後イラク攻撃に賛同しなかった国々に対して石油利権を喪失させている。まるでイラクの遺産はアメリカの財産のようである。そのため安保理の中間派と言われる国々は困惑し「時が流れて被害を受けないよう」静まり返ったのである。だが一方、アメリカの意図を受けた日本は、躊躇するイラク周辺国家に経済援助や支援を餌にしながらアメリカへの同調を引き出すよう努力した。それにしてもイラク攻撃の正当性は得られず、日本政府の行為は不成功に終わった。今や国内は失業対策や経済の建て直し、および医療負担の軽減に税金が必要なときに、「国民の健康よりアメリカの戦争」という予算配分を行っている。その決定はいずれ国民の税負担となって跳ね返ってくるであろう。これは国民に目を向けず、アメリカのみに目を向けた隷属的行為といえよう。

ブッシュ政権が行っている戦争を有利に進めるため非同意国家を経済で縛る行為はテロ支援国家やテロ組織が行っているのとなんら変わりない強権行為である。

五月二日のワシントン発によるとブッシュ政権はエジプトやサウジアラビアなど中東諸国とのFTA（自由貿易協定）づくりに積極的に取り組む方針を固めたと報じている。「中東の平和計画＝ロードマップ」に基づく自由・民主主義を押しつけながら中東の経済支配をもくろむブッシュ政権は、WTO（世界貿易機関）未加盟のサウジアラビアやFTAに非協力的な国々に対してイラクへ与えたのと同じ恐怖を目の当たりにさせ、自由貿易協定を押しつけるよう取り計らっている。中東諸国ではアメリカと自由貿易協定を結んでいる国はイスラエルとヨルダンの二ヶ国に過ぎない。そしてモロッコ、エジプトなどはその前段の貿易・投資促進協定を進めているに過ぎない。しかしサウジアラビアをはじめ、残りの多くの国がWTOはもとよりアメリカとの自由貿易協定すら締結していないのである。このように中東諸国はアメリカの商業支配を懸念して、自由貿易を避けていたのである。その国々にブッシュ政権はイラクを手本に「自由・民主主義」政権に導くと脅迫行為を行っているのである。それに従わない時に起こるだろう恐怖を感じたトルクメニスタンのニヤゾフ大統領は、イラクのフセイン体制と同じ独裁政権の維持のため、ロシアに急接近してアメリカからの脅威の軽減を図っていると報道されている（五月二日の日本経済新聞の記事より）。

国連決議を無視するアメリカ

アメリカ外交は二国間協定や国連の決議が国益に反する場合は反故にして、勝手な振る舞いに走る傾向が多い。

二〇〇三年六月のエビアンサミット期間中フランスのシラク大統領が、英仏紙にイラク攻撃の対応について「法的正当性を欠いた戦争が勝利したからと言って正当性が得られるわけでない」と語っているように、アメリカの行動には国連無視や軽視の傾向が窺われる。

コソボ、旧ユーゴスラビア、アフガニスタン、イラクなどでも国連の意向や安保理理事会の決議を無視して空爆を強行している。そしていつものように「ダブルスタンダード」を発揮しイスラム国家やイスラム国民に対しては爆撃を敢行し、国連で幾度となく「対イスラエル制裁」が決議合意されてもアメリカは一度として行動を起こしていないのである。

核拡散防止条約でも、ロシアとのミサイル削減交渉ではアメリカの都合のみを主張し、一方的に条約の反故や放棄が行われている。核防止の世界合意によって「核実験の中止」がアメリカを含めた国連で協定が合意された。しかし数年後アメリカ政府は屁理屈をこねて、「臨界前核実験」という核実験と同等の行為を行い世界各国から国連協定無視と非難を浴びている。しかし核実験にあらずとしてアメリカは無視を決め込んでいる。そしてイラク攻撃終了後に水爆の起爆装置を新たに製造し、いつでも使用可能な態勢を整えている。この水爆の起爆装置はおりしも問題となっている北朝鮮での使用も考えられなくもない。北朝鮮攻撃があった場合、きわめて高い確率で使用が考えられるのである。

アメリカのわがままは軍事に限らず、経済や産業でも発揮されている。農業の占める割合の高い欧州に農産物の輸入制限撤廃を求めたり、日本にはコメの輸入規制撤廃を求めている。このコメの輸入規制廃止によって日本の農業の荒廃が進み、地方から落ち込んだ経済の回復の兆しが見えてこないことや、アメリカ経済の方程式を日本政府が強制的に受け入れたことで日本の歴史にかつてない貧富の差が拡大し、凶悪な犯罪が蔓延し始めている。いわゆる犯罪のアメリカ化である。

ＥＵや日本の農業はアメリカのような「商業としての農業製品」ではなく、各個の農家が日々の生活を営む経営基盤の脆弱な産業であり、ワインやコメが欧州や日本の国家の屋台骨であった。しかし、アメリカにとってEUや日本の古いシステムは自由競争への弊害であり世界に適しないと否定しアメリカの方針を押し付けている。しかしながら鉄鋼製品の輸入など、アメリカ経済にマイナスとなる輸入に対してはセーフガードを発動し、自由貿易と相反する規制を実施しているのである。

アナン国連事務総長は三月一二日の仏ルモンド紙とテレビで、イラク攻撃について「国連安保理の支持のないイラク戦は、その正当性に疑問符がつけられる」と警告し、「共通の立場で一致できず、一部の国が安保理の支持なしに行動を起こせば、その行動の正当性が広く問われることになろう」と発言しているが、そもそもアメリカの国連軽視は常套化しており、国連事務総長の発言の効果はまったく得られていない。

アメリカの国連無視は旧ユーゴスラビアやアフガニスタン、イラクで顕著に発揮された。国連決議なしの旧ユーゴスラビア空爆や、宣戦布告なしのアフガニスタン爆撃などである（オサマ・ビン・ラディン氏のテロ撲滅であるが、タリバン政権はアフガニスタンの国家政権であることから、アフガンへの平和協議や宣戦布告なしの攻撃は国連憲章違反に当たる）。また、イラク攻撃の根拠となっている安全保障理事会の一四四一号決議文には、ブッシュ政権が示す開戦への正当性を示す記述はなく、この文面だけでは攻撃を正当化できない。それは「重大な局面を迎える」との文面を補足して「平和的に協議を続行する」と記述されていることに明確に表現されている。したがって安全保障理事会の合意が必要であり、アメリカの行動が国連違反なのは明白である。また、安全保障理事会での査察団の調査結果報告会では誤った証拠を提出し、イラク開戦の証拠を捏造するなど国連への背任行為が横行していたのである。一方ジュネーブ条約違反も明らかだ。五月二六日の共同通信が報道するように国際人権団体のアムネスティ・インターナショナルがイラク国営放送の爆撃は戦争犯罪に当たると非難している。すなわち「ジュネーブ条約違反の放送局へのミサイル攻撃破壊」や「報道陣の殺害砲撃」、そして国連機関が非難している「非人道的武器のクラスター爆弾の使用」や「無差別爆弾投下」および「民間人の殺傷、爆撃」など理性を欠いた行為が延々と無秩序に行われている。さらに「捕虜を宣伝に用いた行為はイラクより先に米軍が行い、後追いしたイラクを非難する行動に出た」、その他アフガニスタンでは「約六〇〇人の捕虜殺害」など非人道的な行為が米軍によって行われていることが報道されている。この他にも国連で禁じている「元首の暗殺」を目的とした爆撃(ブッシュ大統領はテレビで元首の暗殺指示について述べている)など短期間で多くの違反行為を繰り返している。このようにアメリカは、アフガニスタンやイラクで六ヶ条に上る国連憲章違反行為と、八項目のジュネーブ条約違反行為を行っている。それも一つ二つではなく大量に、かつ複合的に繰り返しながら戦争を行っていることが明らかなのである。

その一方で、イラク攻撃が収束するや、プロスパー米戦犯問題担当大使はイラク軍が行った捕虜の放映や自爆攻撃などがジュネーブ条約など国際法に違反していると述べ、制裁するよう訴えている。そしてイラク戦争ではアメリカが主体的に訴追する権利を有すると言及し、国際法の遵守を訴えている。しかし、そもそもアメリカの違法行為で始まった戦争であり、攻撃終了後もデモ隊に発砲して人民を殺害したり、安保理決議を反故にして石油を占領し、アメリカ企業に復興事業を発注するなどしているのである。このようにジュネーブ条約を繰り返し違反しての攻撃やジェニンの捏造報告書をもって証拠とするなど、国連に対する明らかな犯罪行為を行い、真実を曲げて平然としているのである。

五月三〇日米国防総省はイラクの大量破壊兵器の調査団を一四〇〇人に増員強化すると発表した。一方現地でイラクに展開している米海兵隊のコンウェー中将は、米情報機関の情報に従いあらゆる武器庫を捜索したが大量破壊兵器は存在しなかったと指摘し、情報が誤っていたと示唆している。この報道に沿ったようにウルフォウイッツ米国防副長官も米誌上で「皆が一致できるのは大量破壊兵器しかなかった」と暗に開戦理由をでっち上げたと述べている。これはイラク攻撃に至る過程で重大な疑問として査察委員や安保理理事会で論議されていたことであり、日本政府のアメリカ支持の最大の妥協点であった。そして大量破壊兵器は本書で指摘した通り未だ見つかっておらず、ブッシュ政権は国連を欺く行為をここでも行っていたのである。

そして同盟国はこの状況を知りつつ見ぬふりをしているのである。二〇〇三年九月一九日UNMOVICブリックス委員長はオーストラリアの放送で「イラクの大量破壊兵器は一二年前に破棄したが、アメリカの攻撃を抑制するため所有していると偽装していた」と見解を発表した。しかし大量破壊兵器隠匿疑惑は各方面の情報整理や調査を実施して、UNSCOMの査察報告の詳細をすべての委員から聴き取りを行って見解を纏め上げればブッシュ政権の陰謀が読み取れたはずであり、戦争の必要はなかったのである。したがってイラク戦争の真の犯罪機関は国連に帰属するのである。この点でアナン事務総長の解任要求があったことを見ると、国連加盟国の一部は真実を得ていたものと考えられる。

アメリカにとっては国連や二国間協定などないに等しく、国連の努力はアメリカの力の前では無力である。そして国連重視の日本外交は、このままアメリカに従属すると国際的な立場が大きく破綻するのではないかと考えられる。現にアフガニスタンでは、反日志向が増大して日本人の安全が脅かされ、国連とアメリカと日本の旗が同時に焼かれるなど、好ましくない事態が起こっており反日活動へ移行するであろう方向に進んでいる。

一方、日本外交も国内での違反がまかり通っている。小泉政権前のアフガニスタンでは違法行為は行われていないが、小泉内閣になってからのイラク攻撃では、国連憲章違反や日米安保条約違反、憲法違反を犯しているのである。政府機関を含めたすべての日本国民は日本国憲法

アメリカが行った国連違反行為

国連憲章や協定	違反行為	主たる内容
国連安保理	一四四一決議違反	イラク攻撃を安保理決議なしで行ってよいとの文面はいっさいない。
	五一条違反	イラクに対する自衛のための先制攻撃は国連で禁止されている。
	安保理一四四一の一〇	湾岸戦争以後国連で禁止しているイラクへの武器等の輸出禁止を破り、CIAを駆使しイラクに生物化学兵器と施設の運営指導を行ってきた報告書の未提出。
	国連への虚偽報告	ジェニンでイラクが核兵器のウランを入手しようとしたとの捏造書類を報告した。
	イラク石油の処分	イラクの石油売却は安保理の決議が必要で米英の管轄外であり、現に権利を持っているフランス、ロシア、中国に優先権がある。
ジュネーブ条約	人権侵害	民間人への爆撃は禁止されている。
	〃	大量殺戮爆弾BLU—八二投下による大量殺傷行為。
	〃	クラスター爆弾の投下による無差別殺害行為。
	〃	劣化ウラン弾およびミサイル爆撃による被爆。
	戦争犯罪	国営放送局の爆撃。

	戦争犯罪	民間報道機関の攻撃（ロイター通信およびアルジャジーラ放送関係）。
	捕虜の取り扱い	約六〇〇人のアフガンの捕虜殺害。
	捕虜の報道	イラクより先に捕虜の報道を行った行為。
	民間人の殺害	イラクでのデモ集会者の大量殺害。
	元首の暗殺	イラク元首の暗殺を目的とした空爆。

日本が行った憲法や条約違反行為

憲法や条約	違反行為	主たる内容
国連憲章第五一条	自衛権外行使	国連憲章第五一号は先制攻撃または予防的行為を認めていない。アメリカはこの行為を行っており、明らかに違反する。
安保理決議一四四一	平和への崩壊	安保理一四四一号決議は、あくまで協議を前提としており、戦争行為は安保理にて合議されなければ違法である。その、違法行為に自衛艦を派遣したことは違法である。
憲法第九条	後方支援活動	自衛目的以外の戦争支援行為。日本の自衛範囲は経済水域内と考えられるが、日本に直接戦争行為が行われることが明らかになった場合、その影響範囲を含むことが可能と考えられる。

日米安保条約	極東以外の共同行動	日米安保条約は極東のみ記しており、極東以外での共同行動は含まれない。 また、日米安保条約以外に同盟国を記す条約はなく、極東以外の日米共同軍事行為は違法である。

を遵守し、その運用すべき法律に従わねばならない。しかし日本政府はアメリカの要望に従い、憲法第九条の「自衛以外の戦争放棄」と国連憲章第五一条の「先制攻撃や予防攻撃を含まない自衛権の行使」を逸脱した自衛隊派遣を行っている。また、日米安保条約は、その自衛行為を極東に限り、そして国連憲章第五一条の適合範囲に定めていることを無視した法解釈と法改正を行っているのである。

これは日本が戦争へと進む際に「縛り」となる法律を徐々に改正しているのではなかろうか。高齢に突入する我々短命予備軍は戦場で非業の死を遂げることはないだろうが、次世代はすでに戦争へ進むことが決められているように思う。第二次大戦後、約六〇年の平和がもたらされたのは、アメリカの核のおかげと見る人が多いだろうが、戦備は世界第二位ながら、戦争放棄を国是としていたからこそ韓国や中国とも困難な二国間の摩擦を解消でき、そして今日に至っているのである。平和ゆえに国益が繁栄し世界に冠たる日本が誕生したのである。世界のどこに戦争や内戦を繰り返して繁栄した国があろうか、ただ一国アメリカのみである。しかしそのため多くの国々が領土を蹂躙されているのである。それはアメリカだから、世界が従っているのだ。同じ行為を日本がしたなら、世界から制裁を受けよう。強いアメリカが悪行を行っても制裁する国はないが、日本が行うとアメリカが制裁するのだ。世界経済を支配するため、アメリカはいずれ日本を叩く準備を考えているのは明白だ。しかし、小泉政権のように属国日本を演出すれば安全なのも事実である。日本の安全のため、「ポチ」と言われても従属する小泉政権を賛美したいと考えている。

情報の捏造を行うアメリカの戦い

湾岸戦争以来、遺恨を残したイラクに対し先代のブッシュ政権は「イラクが大統領の暗殺計画を持っている」との理由を掲げ一九九三年に爆撃している。

一方ブッシュ現大統領は二〇〇四年にイラクのフセイン大統領の暗殺指令をＣＩＡに発令している。また、クリントン大統領もオサマ・ビン・ラディン氏の暗殺を発令している。しかし、このときのクリントン大統領は「国家元首の暗殺は国連で禁止されているが、テロリストの暗殺は認められている」と説明し、オサマ・ビン・ラディン氏と各国大統領との違いを説いている。だがブッシュ大統領親子は国際法を無視して各国の元首の暗殺を指令している。しかし、これは歴代のアメリカ大統領も行ってきた行為であり、何も珍しいことではない。確かに国連の合意では国家元首の暗殺は禁止されている。しかしアメリカはカストロ首相やカダフィ大佐、ホメイニ師などの暗殺計画を練っていたことが時代の移行とともに真実が公表され、明らかになっている。イラク攻撃でも明らかに元首の暗殺を目的として爆撃している。しかし、時のアメリカ政府はアメリカ大統領暗殺計画が発覚した場合は、国際法に違反するとして、敵対する国家に嫌疑をかけて軍事侵攻ならびに爆撃を敢行している。しかし、その暗殺計画は具体的な証拠が開示されたことはない。暗殺計画の情報はＣＩＡによるものがすべてである。大統領の指示のもと世界各地に潜み暗躍するＣＩＡの陰謀性の高い情報を通じて暗殺計画の情報が得られたとして一方的に攻撃しているのである。この「物的証拠なき攻撃」が反米各国の元首に向けられているのである。このような被害妄想的な発想から、即、戦争へ進むのがアメリカである。しかしながら、これは大国ゆえに正論とされるきわめて遺憾な大国主義の基準である。

過去の戦争が風化して戦争の歴史が世に公開されると、アメリカが隠蔽していた戦争の理由や経過が明るみにさらされて時として真実が露呈するのである。トンキン湾事件の陰謀や、ベトナム戦争の裏活動そして紛争地域や国家にテロ行為を行う反体制派への扇動、イラク攻撃に対する国連報告への捏造などが次々と白日の下にさらされているのである。そして真実アメリカによる陰謀が世に知らされているのである。その主たる事件がリビア爆撃、グレナダ侵攻、パナマ派兵、イラン・イラク戦争のイラク支援、アフガンのオサマ・ビン・ラディン氏支援など枚挙に暇がない。

イラン・イラク戦争では、イラクの軍備力強化を助成し、国連条約に反して生物化学兵器の開発や使用方法を伝授したり、アフガンのオサマ・ビン・ラディン氏の組織育成を支援していた。その支援した組織が後に驚異的なテロ事件を生みアフガニスタン爆撃やイラク戦争へと進むきっかけをつくっていったのである。

イラク攻撃後の三月一六日のCNNによると、イラク戦争の理由となった「イラクがジェニンでウランを入手した」との発表はブッシュ政府のでっち上げであるとFBIに調査を求めたことや、CIAの退官グループが、イラク開戦は捏造された情報によって決定されているとし「CIAに調査すべき」と訴えていることが報道されている。

ジェニンの詳細は四月一四日の新聞によって、ようやく日本でも報道された。その内容は、米議会において「イラクの核開発」を巡る偽造文書疑惑が問題となった件である。二〇〇二年一二月に国連に提出されたニジェール政府の公式文書で、イラクがニジェールからウランを購入しようとした証拠書類が偽造文書であると疑いがもたれている。米メディアの報道によると、レターヘッドや署名がニジェール政府の公式文書と違っており、偽造されたことは明白であると報じている。さらにロックフェラー上院議員は「世論や国際政策を操作するため嘘の宣伝活動の一環である可能性がある」と指摘しFBIに調査を求めたのである。

イラク攻撃後、開戦理由であった「大量破壊兵器の認定」についても英国はしかるべき機関に求めているが、パウエル国務長官やラムズフェルド国防長官は英国の主張と異なり、米英軍のみの調査班の構成を示唆している。しかし、このような行為は証拠認定の信頼性を損なう結果となる。世界はまたまたブッシュ政権の「嘘」に翻弄されるようである。

国連の安保理理事会でパウエル国務長官が説明した二つの証拠のうち衛星写真は査察調査委員長によって完全否定されたように、アメリカの示す証拠に基づく開戦は常任理事国や非常任理事国など一三ヶ国のうち一〇ヶ国の同意が得られなかったこともアメリカの証拠の真実が疑われた結果であろう。わずかに、参戦同意や参戦する国家のみが証拠の信頼性にかかわらず同盟国家ということで賛成したにすぎない。

さらに国連の安保理理事会においてパウエル国務長官は「通信傍受記録」と「衛星写真」を証拠として発表し、炭疽菌と思われる「白い粉」のサンプルを振りかざしながらイラクの不当行為を訴えた。が、しかし、この本の読者はお解りのように「炭疽菌」は米軍の施設からもたらされ、その関係者が疑わしいとFBIが調査する旨発表がありながら未だ調査結果が発表されておらず、アメリカのどこかの諜報機関が関与している可能性を知っていながらパウエル国務長官は演出したのではなかろうか。

また、衛星写真の証拠はUNMOVIC査察調査委員長が安保理理事会の報告会の席で「アメリカの示す判断は妥当性がない。イラクの通常の行為であり隠滅を企てた行為にあらず」とはっきりと退けられたときにパウエル国務長官の苦渋の表情が映し出されていた。衛星写真の信憑性は国連の安保理理事会の直後に放送されたテレビ番組で、軍事解説者から疑問が投げかけられていた。

測量調査を業とするものであれば直ぐに判断できるように、パウエル国務長官が提示した証拠航空写真には「撮影日時・撮影高度・緯度経度」を示す数値や温度ならびに位置を明確にする「十字印」(いわゆるトンボ)などの情報が意図的に抹消されていた。商業航空写真ですらこのような情報を転写するのに、何故にピンポイント爆弾など正確な判断を必要とする軍事写真に意図的な改作を行ったのか。軍事目的ならさらに詳しい情報が記録されるのが常識と考えられるのに、証拠写真は意図的に改変したものであると言わざるを得ない。

正にそのことが、安保理理事各国からの選りすぐった人材から選抜した調査官(総合的で高度な判断技術を備えた委員であり、その人々によって構成されている係官)によって真実性に欠けるものと判定されたのである。

もう一方の、通信傍受記録にも意図的な部分が感じられる。傍受記録の一方は普通の録音状態であるのに対し、「ここまで調査するのか」とイラク上層部に発信している側は、エコーがかかっていた。室内や城壁に囲まれた場所で発信する場合や近傍で傍受する場合はエコーが録音されることも考えられるが、傍受方法にいかにも不自然さが感じられる。

イラクへの国連査察は二回に分け実施されてきている。UNSCOMの調査時期にはたびたびイラクの隠蔽が行われていた。そして「ここまでやるのか」というやりとりが調査委員と何度も交わされていたことがテレビで報道されていたし、調査工程に含まれないと査察の妨害もしていた。しかし、その後国連の権威と軍事圧力が発揮され、UNMOVIC査察時にはトラブルや妨害などの行為が報道されることはなくなっていた。

湾岸戦争以後のUNSCOM査察調査は当初、通信傍受を行っていないが、FBIとCIAが本格的に査察委員会に干渉すると恒常的に行われるようになった。その通信傍受記録はCIAやFBIなどに提供されたが、それが発覚するとイラクはスパイ行為と警告を発し、その後UNSCOMのアメリカ政府委員のスコット・リッター氏が解任されているのである。しかし今回のUNMOVIC査察団はスパイ行動をとった形跡がなく、査察は予告なしで行っており、アメリカ人のいない査察団が盗聴可能と判断するには無理があろう。

三月三〇日、アメリカの報道機関によってイラクの大量破壊兵器探知・分析にUNMOVIC査察官を高給で引き抜き、そのベテラン査察官が電子メールで他の査察官に転職を呼びかけていることが明らかになった。このことに対して査察委員会のブリックス委員長は不快感をにじませ、「国連資料を持ち出すことはできない。それが国連との契約だ」と牽制したと報じている。したがって今回の査察は傍受した資料がアメリカに流出することは考えにくく、一般的に判断して、通信傍受記録は前回のスパイ活動で行われたものと考えられる。イラク側も今回はスパイ行為が行われないよう改善し、合意の上で査察に応じたものであることから、パウエル国務長官が提示した証拠の通信傍受記録は湾岸戦争当時のものと判断するのが妥当である（UNSCOMは車一台に通信機材をフル装備したほど大がかりであったので、査察に同行できないアメリカ人がどのようにして傍聴したか疑問が残るものである）。

仮に今回の傍受記録が本物なら、アメリカは傍受した日時、通信者の写真を公開できるはずで、大いに行うべきである。しかしイラク戦争への証拠を世界に何一つ発表せず、口頭で説明するだけであるから真実にほど遠いのは間違いない。その後のアメリカ側情報によると、FBIに「開戦の理由が捏造である」との調査依頼があったと報道されており、アメリカの証拠は捏造された可能性が極めて高いのである。さらに今回の査察にはアメリカ政府担当官が含まれておらず、CIAやFBIの影響や指示が及んでいないと考えられる。したがってアメリカが国連に示した証拠は疑問が残るのである。

四月四日の米ロサンゼルス・タイムズ紙は、アメリカ政府の発表した戦時下のイラク人の写真が二枚を合成・編集したものであり、アメリカに都合のよいように操作されているとスッパ抜いている。これはアメリカの政府やメディアで頻繁に行われている情報操作で、アメリカの報道は正義に基づいていないことがはからずも露呈したようである。

この報道から遡る三月三一日、アメリカ政府報道官は「敵は嘘と情報操作を駆使する卑怯な達人。規律があり、使命感に満ちた我が軍との対比をアメリカ国民にわかってもらいたかった」と述べ、米国防総省発表や従軍報道の有効性を主張した。このコメントはアメリカ国内に向けられたものだが、こうした声明が出されること自体、アメリカの報道に世界が疑念を持っていることへの危機感が窺えるようである。だが、NBCやCNN報道は大本営発表であり、米国防総省の情報操作をサポートしているに過ぎない。しかし、世界の報道がインターネットで視聴されるに従い、国防総省発表から距離を置いた実証報道も見られるようになっているが、アメリカでは真実を置き去りにして戦争を美化したような報道が繰り返されている。

CIAならびにFBIは「おとり捜査」と「犯罪人の放免をもとにした証拠づくり」を調査の基本に据えている。イラク反体制派の情報は信憑性に乏しい場合がある。現ブッシュ大統領が、前ブッシュ大統領から側近たちと同時にイラク戦争のシナリオも引き継いだのだとすれば、いかなる証拠資料も演出されたストーリーによるものではないだろうか。まして今回の戦争では、ブッシュ政権は攻撃の開始から終結まで違法行為を繰り返している。イラク戦争の終結を象徴するとされる、フセイン像が倒壊するシーンを何気なくテレビで見ていた。するとどう。倒壊したフセイン像を叩いた老婆を労うように、近くにいた男性が「サンキュー」と英語でお礼を述べたのである。テレビからは、明らかに英語の音声が流れた。イラク国民の多くは英語に慣れていても、見知らぬ老婆に英語でお礼を言うとは考えられず、これはアメリカの軍事機関と報道機関による演出ではないかと考えられる。映像では群集のように編集されているが、実際は一〇〇人程度の人々を演出していたようである。これは明らかに米軍の情報機関の創作と思われる。

『だれがサダムを育てたか アメリカ兵器密売の10年』の中でアラン・フリードマン氏は次のように述べている。CIAからイラクへの諜報活動を依頼されたハオブシュは、イラクへの武器輸出防止の解明でなく、前ブッシュ大統領の意を受けてイラクへの武器輸出を実行させられていると証言したと記されている。すでに御承知の通り、CIAはイラクへ生物化学兵器の原材料や保管方法、運用方法を国連協定違反と承知しつつ提供そして指導してきた経緯がある。このCIAの情報をもとに今回のイラク開戦が練り上げられたのは周知の通りである。したがってFBIが開戦理由の証拠に対する調査を開始したことはアメリカの正義が未だ存在している証拠でもあるが、現ブッシュ大統領側近が開戦の証拠を捏造した疑惑が深まった結果だろう。

CIAはアフガンにも深く関わっていた。『アメリカはなぜヒトラーを必要としたのか』にも「ケーシー率いるＣＩＡはつまり、サウジアラビアからイスラム急進派をアメリカに入国させ、軍事訓練を施してアフガンに送り込むという工作を行なっていた」とあり、その中で全面的に協力したのがサウジアラビアであって、その代理人がオサマ・ビン・ラディン氏であったと記述している。第一章で述べた通り、オサマ・ビン・ラディン氏とブッシュ大統領は深い関係があったのである。

イランもイラクもアフガニスタンも紛争を演出するアメリカ政府の道具に使われ、その危機を利用してアメリカ政府は国民を束ね、経済の活性化を図るため軍事産業を育成しているのだろうか。『情報帝国ＣＩＡの崩壊』の著者アーネスト・ボルクマン氏が「ＣＩＡはもっとも欠陥の多い情報機構」と言うように、イラク問題の国連討議でもパウエル国務長官の説明に間違いが露呈し、誤った情報を提供したＣＩＡを重んじたブッシュ政権の陰謀が明らかになった。

四月一八日の新聞によると、ヨルダンに亡命したイラクの元閣僚が、一九九五年同国の大量破壊兵器についてＵＮＳＣＯＭに回答した非公開の証言録を入手したと発表した。それによると、「化学兵器は湾岸戦争後の国連査察を機にすべてを破棄した」となっており、「現在も保有している」と主張するブッシュ政権との食い違いが明らかになってくる（ＵＮＭＯＶＩＣのブリックス国連査察委員長は攻撃が始まってまもなく、「イラクに大量破壊兵器はない」と言明している）。このイラク高官の証言は、ＵＮＳＣＯＭ査察担当官スコット・リッター氏（アメリカが派遣した軍人）の証言と一致する。一九九一年から一九九八年までイラクの大量破壊兵器の査察調査を行っていたロルフ・エケウスＵＮＳＣＯＭ元委員長（元駐米スウェーデン大使）は新聞インタビューで、「我々の九八年までの査察活動で、イラクが保有していた生物化学兵器の九五％を廃棄済みだったことを考えれば、アメリカが大量破壊兵器を発見できないのは驚くに値しない」と語り、当初より大量破壊兵器は廃棄されていたことを述べていた。そしてＣＩＡの証拠捏造が徐々に明らかになってくるのではなかろうか。二〇〇三年六月三日の報道によると、大量破壊兵器が見つからない状況に対して、ワーナー上院軍事委員長は「米議会は証拠に不信感を持っている」と公表、テネットＣＩＡ長官から「根拠となった情報はすべて公表する」との言質を得ている。証拠の信憑性については、二月五日の国連発表前に英国のストロー外相が脆弱であると指摘し、オーストラリアのヒル国防相も再検討の必要性について言及している。しかし、米英政府はイラク攻撃を強行したのである。フセイン政権崩壊後、米軍に出頭したサーディー元大統領顧問（化学技術担当）によれば、過去にイラクが大量破壊兵器を保有していたことは認めたものの、既にないと語った。したがって米軍は戦後数ヶ月たっても大量破壊兵器の存在すら確認できず、シリアなどの外国に隠蔽したなどと語っているほどである。しかしアメリカは、大量破壊兵器の出現は是が非でも達成しなくてはならない。そのためなら恐らく、フセイン大統領が国外持ち出しを指示していたと、サーディー元大統領顧問に解放を条件に偽証させるか、CIAが証拠を捏造することも考えられる。これに先立ちCNNは、対イラク戦争情報の正確性と開戦のための大量破壊兵器証拠文書の偽造に対しCIAの内部調査をFBIに求めたと報道している（三月一六日）。ブッシュ大統領辞任後、様々な事実が明らかになってくるものと思われるが、誤った情報でイラク開戦へと進んだアメリカは世界からの信用を失墜し、世界を納得させる「言葉」を発せられないブッシュ大統領は知性を疑われるほどである。

イラク攻撃がほぼ収束した時、大量破壊兵器の隠匿やイラク要人の逃亡を幇助したとして、アメリカはシリアを牽制している。当然シリアは反発したが、英国の諜報機関とブッシュ政権の連携で真実であるかのように伝えられ、アメリカのシリアへの介入が囁かれた。しかし、五月二日にパウエル国務長官がシリアを訪問し、イラク要人を匿わなかったことに謝意を述べたが、嘘に塗り固められたブッシュ発言で世界が混乱をきたしたことは明らかである。またもや世界を混乱に陥れたブッシュ大統領が「頭の良い大統領」か、取り巻きに乗せられた「馬鹿な大統領」かは皆目見当がつかないが、大学時代の恩師である霍見《つるみ》芳浩先生がテレビで述べていた、問題学生だったというブッシュ像が重みを持って受け止められるのである。

アメリカ政府の情報捏造や情報操作は国連や世界各国に発信するばかりでなく、国内を一本化して有利に導くための体制づくりにも用いられている。

かつて戦時下の日本では対戦国の用語を日本語の当て字で「読み書き」していた。軍の統制下にあるが故の方策であった。一方、自由・民主主義を旗印に戦争を進めるアメリカ行政府でも同じことが起きている。

もともと戦争好きと言われるアメリカ国民の戦争支持率は高く、直接選挙で選んだ大統領がたとえ悪の戦争を行っても支持するのが義務だと考える人々が多数を占める。それが約七割から八割の高い戦争支持率となってくるのである。開戦の理由なきイラク戦争においても七割強の高い支持率を示している。その結果、戦争に突入する理由は不要と考える世論が形成され、政府が決定したから賛成するという体質が見られたのである。

イラク戦争へ驀進するアメリカは、戦争に反対するフランスにも敏感に反応し、下院議会の食堂もフレンチトーストやフレンチフライをフリーダムトーストやフリーダムフライと呼び方を変えている（多少のジョークであるかも知れないが）。まるで戦時下の日本と同じである。日本の懐古趣味者の我々にとっては、なんと快く懐かしい言動であろうか。

ＮＢＣテレビは三一日イラク国営放送のインタビューで、米軍が劣勢を強いられていると真実を語ったことが、アメリカに不利になった（間違っている）として著名なピーター・アーネット記者を解雇した。アーネット記者はアメリカのテレビでイラク攻撃は正しいとする釈明会見をしたが、その後、反戦を掲げる英国大衆紙デイリーミラーの客員記者となったことから、この会見は圧力によるものであったと見られる。さらにイラク戦争でブッシュ大統領を批判したカントリーバンドの曲の放送を禁止する処置が放送業界で起こった。「イラクの自由作戦」と命名し自由と民主主義を標榜するアメリカだが、こと戦争になると自国民の洗脳や規制と情報操作を行っているのが現実である。この時ばかりは自由なアメリカも独裁国家に豹変する。それも大統領の意向と考え、従っているのであろう。

アメリカの行為をつぶさに検証すれば、国連であれ二国間であれ、自由や民主主義を語って無法行為をしばしば繰り返していることがわかる。アメリカの意見や主義主張が採用されないと国連への拠出金を停止したり、自国に不利益だとして、京都議定書の合意をはねのけたり、国連で合意されたイスラエル制裁の行動を拒否したり、二国間協定を一方的に廃棄するなど、いたる所で「自由のはき違え」が垣間見られるのである。

『FBIの危険なファイル』の著者ハーバート・ミットガング氏が述べるように、音楽や演劇、作家などあらゆる方面の人々が連邦警察や情報機関に監視され、身上調査記録が作成されて表現の自由が迫害されたと記載している。事実大統領直轄のCIA、国防情報局（DIA）、国家安全保障局（NSA——本来はCIAの上層機関）が独自に、そしてフレキシブルに補完しながら国内外の情報収集と操作を行っている。中でもCIAは海外を担当する部局だったが、国内でも非合法活動をして、フォード政権時代に国内でのスパイ活動を停止させられたことがあった。しかし今日では国内でも海外でも活動制限を受けずに、あらゆる違法行為が認められている。オサマ・ビン・ラディン氏への支援やイラクの生物化学兵器構築の支援指導も、その一環として実施していたのである。

二〇〇三年四月四日に米インテル社のプログラマーのマイク・ハワシュ氏がテロ関連の重要参考人としてFBIに拘束されたが、二週間過ぎても理由や状況がいっさい発表されず、起訴もされないまま放置拘留されている。この他にも四四人の市民が拘束され続けていることの実態解明にオレゴン州の議員が動き出しているが、これはアメリカ政府の市民弾圧の一端に過ぎない。

太平洋戦争時にアメリカ政府が日系人を強制収容所に監禁したように、今回はイラク人やイスラム教指導者の監視や事情聴取を行い、約五〇〇〇人に対して行動制限を加えていることがCNNによって報道されている。また一方で数多くの反戦運動家が迫害されていることも報道されているが、こうした市民への弾圧は極力発信せず、戦争ゲームのような大本営報道を優先しているのがアメリカの報道の実情である。そして大本営放送で視聴率を上げ、経営力を高めたFOXテレビのように偏った報道をする全国的な企業が、自由・民主主義の名のもとに経営されている。攻撃を終了しても強制収容を続け、弁護士をつけず未だに無実の人々を拘束し、あるいは国外追放したことがようやくアメリカ議会によって論議され始めた。しかし自由民主主義国家であれば、イラク攻撃中に真実を率先して報道すべきだろう。

同時多発テロで夫を失った女性がブッシュ政権の報復戦争に異を唱えたところ、親子ともども迫害を受け、住居を転々とすることになった。その後反戦の表明をいっさいしないと決意したそうである。その女性は今でも反戦を訴えたいが、迫害を恐れ苦悩する心境を報道機関に告白しているのである。このようなことは日常的に行われていて、戦争になると「自由・民主主義」は失われ、大統領のもとに政府・国民が盲目的に一体とならざるを得ない状況がつくりだされるのである。民主主義と自由を迫害した情報操作の見本であり、戦時下はいずこの国でも自由や民主主義は奪われているのである。自由の女神こそ、アングロサクソン系アメリカ人の集団行為に対して危機感を覚えたフランス人が、偏った自由をもたないよう寄贈したのではなかろうか。

戦いを有利に進めるため、アメリカの情報捏造はいたるところで繰り返されている。イラク南部のシーア派地域（反フセインと目される）で市民が蜂起せず、アメリカの正義が崩壊することを防ぐため、四月三日シーア派最高指導者のアリ・シスターニ師から「米軍を妨げるな」との宗教見解があったとアメリカのメディアは報道したが、翌四日、同様の発言はなかったと師の事務所は否定した。パウエル国務長官は、逃亡したイラク要人を匿っているとしてシリアを追及したが、四月一五日に英国のフーン国防相は「フセイン大統領や政府幹部が国外に出た証拠はない」と記者会見したように、アメリカの報道には情報操作を目的としたものが多々ある。現に国外逃亡したはずのフセイン政権の要人が次々とバクダッド市内で拘束されていることでも明らかである。このような虚偽の報道も大国の発表だからと信じてしまうのは、筆者が凡人なるが故であろうか。このようにたびたび不審な発表があると、リンチ兵士の救出劇もやらせと報じられているように、真実が露見してくるものである。チェイニー副大統領らのネオコンサバティブとは一線を引き、良識派と認められていたパウエル国務長官が極端に変化していったのは、アメリカを世界の良識に誘導できる人材がいなくなったことのように感じられてならない。ブッシュ政権内にたとえ一人でも良識派が出現することを世界は待っているのである。

アメリカは自国に不都合な国際協議決定は履行しないことや、国連からの脱退をほのめかしている。これは第二次大戦直前、日本が国際連盟を脱退したのと酷似している。また、イラク攻撃も国連の同意を得られないことに対し国連の機能を批判し反対する国家を誹謗し揚句の果てイラクへ武器輸出をしているとロシアを非難（三月二四日）している。しかし、アメリカは国連制裁下で禁止されている軍需資材をＣＩＡを通じてイラクに供給しており、ましてや、国連や安保理のイスラエル制裁決議に対し一度も実行するそぶりすら見せていない。イスラム国家には空爆などで素早く対応するが、イスラエルには何も行っていないのである。この行為がアラブの安定を阻害している根源であろう。実際イスラエルはヨルダン、エジプト、パレスチナの領地を占領しているが、これはイラクがクウェートを占領したのとまったく同じである。しかしアメリカは一方を攻撃し一方は保護している（この矛盾は第二次大戦以後も脈々と続いているのである。このことがアラブ、中東のイスラム国家の民衆から非難されている要因であり、これを放置すればテロ行為や反米行為は永久的に改善されえない）。

アメリカは自国の行動はすべて正しいと捉えているようであり、戦前の日本を彷彿させるのに、あまりにも多くの類似性がある。

さて、日本でも情報操作が行われていることを感じずにいられない。二〇〇三年六月六日の日経「春秋」では、サミー・ソーサのコルク入りバット事件や、ホワイトソックスのジョー・ジャクソン八百長事件（ファンの少年が「ウソだと言ってよ、ジョー」と叫んだことで有名）に触れ、リンチ上等兵救出劇と大量破壊兵器の情報操作疑惑について両国議会での追及が始まったことと、米英の言うなりに支持を表明した小泉内閣のバツの悪さについて記している。大量破壊兵器の存在はイラク査察機関関係者の話を綿密に分析、把握していれば当初より疑わしく、開戦理由にならないのは明白であった。しかし、この間違った解釈を後押しするような記事が同じ紙面に記載されているのには唖然とする。

再開された国連安保理理事会で、ブリックス委員長は大量破壊兵器の証拠が発見されていないことに触れ、「必ずしも兵器が存在しないことを意味しない」と発言している。同委員長は他にも「大量破壊兵器があると結論づけたことへの疑念がある」と米英の誤りについても言及しているが、こちらはいっさい報道されていない。「必ずしも兵器が存在しないことを意味しない」と委員長が述べたのは、アメリカ国連大使の「イラク政府が文字通り廃棄したか隠したかどちらかである」と述べたことを受けて灰色報告を行っているようだが、ここで最も重要なのはアメリカ大使の「イラク政府が文字通り廃棄したか……」という発言である。大量破壊兵器の破棄はUNMOVIC査察委員が九〇％実施していることを証言していて、シリアに亡命している旧イラク兵器担当高官も廃棄したことを国連に報告しているが、これをアメリカが捻じ曲げ「過去に保有していた」との一文を盛って大量破壊兵器ありと文面を改竄、捏造したことが発覚している。またイラク終結後チェイニー副大統領が「大量破壊兵器を理由にしないとまとめられなかった」ともらしているように当初より国連や世界に対し歪曲そして捏造した報告を行い、イラク攻撃を強行した可能性が極めて高いのである。このようにブッシュ政権は多くの捏造を行い国連を欺いている。にもかかわらず日本政府は事実調査や検証を行わずブッシュ政権に追従しているのである。

人権無視の戦いをするアメリカ

戦争の最中では人権を無視する行為をとがめることは現実的に困難である。戦争の先端で働く人々の規制や道徳を得るのは至難の技である。むしろ戦争そのものが人権無視の行為といっても過言ではない。さらに戦争の渦中で民間人と軍人を分けることが可能とは言えない（爆弾が感知するのならば効果が得られるかもしれないが）。人権保護を要求するならば戦争行為を未然に防止する努力が賞賛され、最も重要な判断である。

世界で最も多く戦争を行っているアメリカの戦闘行為では戦力の差からすでに雌雄は決した段階でも屋上屋を架すごとく原爆を投下したり、軍人と民間人が潜む洞窟めがけて火炎放射器や爆弾を放ち、洞窟もろとも破壊するという蛮行を行っている。防空壕への爆撃、広範囲にわたる殺傷爆弾や無酸素化爆弾の投下など数々の人道を踏みにじる行為は、米兵自身の身を守るという理由だけで良心の呵責もないままに繰り広げられている。

米軍の装備には非人道的と非難されている兵器があり、大量破壊兵器に勝るとも劣らない火器弾薬の大量使用で、軍人だけでなく多くの民間人を巻き添えにしている。場合によっては「選別不可能」として、民間人だけを殺傷することさえある。圧倒的な戦力と兵站、武器量で戦争を抑止できる状況にありながらも（他国との戦力の違いは明らかである）、自らはせっせと武器の開発・製造・貯蔵を続け、他国が大量破壊兵器を保有するのを厳しく規制する一方で、現職の政府高官がいとも簡単に核兵器の使用を口にする。

イラクの自爆攻撃はテロ行為であるとアメリカは非難している。しかし自爆テロであれ無差別爆撃であれ究極の目的に違いはなく、ましてやイラク攻撃のように捏造した証拠で国連を騙して行った戦争は国家テロと呼ぶに相応しい。広範囲の人々を殺傷するクラスター爆弾を投下する米軍と、自爆の爆薬を使用するイラク。敵の兵士や関係者などの殺害を目的とする行為はどちらも同じテロといえよう。今回のイラク攻撃は正に国家テロ行為である。国連条約では、国家元首（フセイン大統領やブッシュ大統領）の暗殺は禁止されている。だがアメリカは国家元首暗殺を堂々と宣言して戦争を起こし、空爆を行っている。このことはテロ行為を大統領自ら宣言しているようなものである。

国際人権団体はバンカーバスター爆弾や劣化ウラン製の弾頭をもつ巡航ミサイルおよびクラスター爆弾やエンハンスト・ベーブウェイ爆弾などの大量殺傷爆弾や原爆および劣化ウラン弾などを非人道的な兵器としている。それらは人権や遺伝子の安全を無視し障害をもたらす爆弾である。三月二二日のイラン攻撃において「短期で決着させる唯一の道は決定的な軍事力を投入することだ。中途半端な戦いはしない」と述べ、あたかも無差別大量殺害を実行することをブッシュ大統領自ら表明して、そして現実に行っているのである。BLU―八二爆弾による絨毯爆撃や、ジュネーブ条約に違反した民間人をねらった爆弾投下など、爆弾の投下量と方法からして大量破壊兵器に匹敵する行為が日常のように行われているのである。

約五〇〇〇人とも言われているクルド人の大量殺害で、フセイン大統領が生物化学兵器を使用した。これと同じ行為をロシア政府はチェチェン人による劇場占拠事件の解決時に行っている。化学兵器使用によって、占拠犯人ばかりか拘束された約三〇〇人の一般人も巻き添えにしている。殺害された人数の違いはあれど、イラクのそれと同じである。いや、むしろ武器を持って政権転覆を目指す反体制派の撲滅と異なり、人質の安全を無視し、すべてを殺害しようとしたロシア政府の行為はアウシュビッツとならぶ人類への犯罪である。しかし、アメリカ政府や日本政府は非人道的行為として非難はおろか指摘すらしないのである。実行者が大国ゆえできないのであろうか。政府の判断に不安が残るものである。

テレビ討論でデビ夫人が、夫のスカルノ元大統領は国民をいっさい殺害せず国民に慕われていたと述べているが、中部ジャワでは数万人の共産党員が殺害され、生き残った人は長年にわたり、毎年一ヶ月ほど警察に拘束されていた（私はジョクジャカルタのテーラーにズボンを三着依頼したが、一向に仕上がらない。その時期テニスクラブにも主人は見えないので店に行き、仕上がり時期を質問したら主人は今不在との返答が二回ほど繰り返された。不審に思いスタッフに何度か質問すると、やっと本当の話を聞けた。多くの共産党員が殺害されたこと、今では一般市民となったテーラーの主人などの旧共産党員は年に一ヶ月ほど拘束されているとのことだった。発注したズボンが入手できたのは、結局一ヶ月半後のことである）。これらの殺害は反体制派との内戦で起きたことであり、やむを得ない状況と考えられる。ここで、スカルノの行為だけを責めて、フセインの行為やロシアの行為を責めないのは不公平と言われるのではなかろうか。イラクもロシアもインドネシアもシリア、リビア、フィリピン、コソボ、旧ユーゴスラビアも内戦では反体制派が圧迫、殺害されている。それと同様に国内が安定しない国家は反体制派の殲滅に躍起になるのである。その過程で多くの人々が殺害されるのである。

同じようにアメリカは、自由・民主主義の名のもとに、世界中でアメリカに反対する組織や政府の粛清を実行しているように考えられる。国内問題と異なりアメリカの実行範囲は世界を対象にしているのではなかろうか。その行為はアメリカの自由を守るという発想が基であろうが、非人道的行為を世界や国連が認めているように振る舞っている。しかしそこには人権を無視した爆撃や捕虜の殺害が堂々と行われているが、非難は目隠しされているのである。一月二九日の共同通信によると米英合同軍がアフガニスタンの捕虜を虐殺したと報じている。国際人権団体のアムネスティがジュネーブ条約違反と非難し、戦争犯罪として調査を依頼したことも併せて報じている。マザリシャリフ西方のカラハンギ要塞にある収容所で六〇〇人から七〇〇人の死者を出したとしており、英国紙によるとＣＩＡの工作員の尋問に端を発したものと報じている。このようにアメリカは、自国兵士の安全のためには対戦する人々が無防備でも、疑わしい状況だけで殺害行為を行っているのである。同様に日本ではいっさい報道されていないが、イラクの政府高官がシリアに潜んでいるとのイスラエルの誤報を基に米軍が襲撃し、十数名の一般人が殺害された事件もあった（イスラエルが手を下せないため、意図的に米軍に殺害させたとの見解も噂されている）。

第五章　アメリカの次の標的はどこか

アメリカの次なる戦争相手

日本もアメリカの標的にされた時期があった。財政赤字に転落すると、アメリカの矛先はすばやく欧州（特にドイツ）と日本に向けられた。ウルグアイラウンドを盾に農業政策や輸入課徴金を持ち出し、さらに半導体の独占（フラッシュメモリーの優先性の競争力を阻止する）を意図して通商法スーパー三〇一条を打ち出した（日本が突入した太平洋戦争もまた経済制裁が要因となった）。ドイツや日本の根底に反米意識は高まりつつあったが、平和のうちに収束していった。それは資源も鉱物も埋蔵されない国であったことが救いだった。ノウハウや人材が資源の国々に対して、アメリカは戦争を仕掛けないのである。

この思考方法を北朝鮮に当てはめると、アメリカの体面が保たれれば一時的に空爆はあっても原則的に北朝鮮を相手に本格的な戦争は起こさない。それは、アメリカの戦争方法である

「対戦国や周辺国の犠牲はあってもアメリカ兵は死なせない」という基本原則を守るからである。したがって韓国や日本に被害が及んでも、アメリカ兵に被害が及ばないことが最重要課題である。それを基に当該地域を当てはめると北朝鮮のミサイルが届く駐留韓国および駐日米軍の安全が必ずしも確保できる状況にない現状下では、たとえ国連決議があってもにわかにアメリカが開戦するとは考えにくい。

仮に米軍の拠点が沖縄や台湾またはグアムに移動し米兵の安全が確保された場合や、対韓米軍の主力が韓国から離れた場合は戦争へ移行することが考えられる、しかしそのようにするには数ヶ月の準備期間が必要となり、早急な行動には移らないと考えられる。

九四年四月三日のNBCテレビで『アメリカの戦争の仕方』の著者であるハリー・G・サマーズ **Jr.** 氏が語ったように、ペリー米国防長官（当時）は北朝鮮について「アメリカが戦争を仕掛けるつもりはないことが明らかである。北朝鮮も仮に戦争を仕掛ければ国内で大惨劇が起こることは自明だから戦争をするつもりはないであろう」という表現をした。このように北朝鮮への開戦はないことを印象づけている。それはアメリカの世界戦略がまだまだ資源が豊富で、かつイスラエルの脅威を受ける中東に向けられているからと述べているようなものである。

この真理をついた解説はアメリカの対イラクへの「理由なき戦争」の開戦に向けて、「中東の民主主義国家建設を、イラクを手始めに行う」とふと漏らしてしまったブッシュ大統領の

「本心」と、今後行う戦争先の行方が垣間見られるようである。

イラク攻撃が収束に向かうと、ブッシュ政権はアルカイダに対するのと同様な嫌疑をシリアに向け、攻撃を敢行する意図を示唆し圧迫を加えている。さらにオサマ・ビン・ラディン氏の母国であり、イラク攻撃の拠点基地提供を拒んだサウジアラビアや、イラクの人口の六〇％を占めるシーア派とつながるイランを牽制し、次なるターゲットのひとつに含めている。特に反米的で独裁王国でもあるサウジアラビアはブッシュ政権の標的に適している。その流れを示すかのごとくブッシュ政権はサウジアラビアからの軍事基地撤廃を表明している（五月一日）。これは米兵の安全を確保しつつ、ＯＰＥＣを牛耳るサウジアラビアを攻撃する準備に他ならないのではないかと考えられる。

中東以外では西アフリカとロシアの中央高原から極東ロシアにいたる地域に着目してはどうだろうか。軍事大国ロシアを敵に回して危険な賭けはしないと考えられるが、ＣＩＡを暗躍させロシアからの分離独立を画策することが考えられる。折しもイラク攻撃中には、ロシアの兵器がイラクに流れているとの批判や、フセイン大統領の親族をロシア大使館が匿っているなど、ロシアを刺激する発言をしている。しかし、アメリカは中東の民主主義支配や西アフリカの経済支配が完了していない時点ではロシアに攻撃の矛先を向けないであろう。ロシアより先に戦争を仕掛ける地域が残っている。まず中東やアフリカを優先するであろう。アメリカ経済の落ち込みが激しくなったら、日本もいつ攻撃対象になるかも知れないと思う国民が増えてきたのではなかろうか。これは真剣に考慮すべきである。

アメリカの中東戦略は（多くの人々が著作によって書き記しているように）イラクの統治を北部のクルド人を含めた混合社会に委ね、アメリカ寄りの政権に移行する計画である（イラク戦争を始める前に、ヨーロッパに在住するクルド連合に軍事訓練と一〇億円の支援をしていることは先に記したとおりである）。

しかし、イラクの人口の六〇％を占める南部のシーア派地域には新政権への参加を望んでいないふしがある。シーア派が新政権に参加して、反米を提唱するイランとの連帯が深まるのを危惧しているのだろう。シーア派が政権の中枢を握り、アメリカが目指す各種利権の取得が困難になれば、イラク攻撃の目的が得られない。湾岸戦争当時は北部連合は形成されておらず、フセイン政権打倒はイランの傀儡政権誕生を意味した。それではアメリカの利益が薄く、イラク安定へ一抹の不安を残すのみであった。それゆえアメリカはフセイン政権を打倒しなかったと言われている。今回のイラク攻撃では、アメリカの本心はイラク南部地域で地上戦を展開すれば、イラク南部の破壊も同時に行え、シーア派が目指す新政権での発言力を合法的に削ぐことができるという狙いがあったのであろう。そしてシーア派の一部を取り込み、（アフガンの戦争のようにイラク人同士で戦闘することをアメリカは望んでいた）イラクの改革を目指したが、筋書き通りにはいかなかったようである。

一方、北部のクルド人を主体とする反体制勢力はアメリカ主導による欧州の会合が実を結び、親米体制建設のイデオロギーが強化された。しかしこの組織は脆弱で、アフガニスタンの北部同盟を彷彿させるものがあり、戦後復興や国家形成に多くの難問を抱えていくことはアメリカも熟知している。それにもまして単一宗教民族で政権を独占していたバース党を瓦解させることはできても完全排除は困難であり、復活すれば内戦に発展し、石油を輸出する際の障害となるだろう。さらにクルド人が新政権の中枢を担って、隣国のトルコ政権が不安定化した場合、トルコ政府がフセイン政権時にとっていた対クルド弾圧政策を継続すれば、今度はトルコとの間で今回のような戦争が勃発する危険も孕んでいる。

イラク危機に関するインタビューで『大国の興亡』の著者であるポール・ケネディ氏が「対イラク戦争は、その影響として、たとえば周辺アラブ諸国などの不安定につながる恐れがある」と述べるように、クウェートやUAE以外の湾岸諸国はフセイン政権が打倒された後のイラクの混乱や、民族宗派の抗争など情勢が不安定になることが懸念されることを指摘している。

バース党を解体し、新政権を樹立してもイラクに安定は確立できない。長期政権でスンニ派に支配された首都バクダッドにクルド人やシーア派の人々が安定して居住するには、市街地の分割や旧政権関係者がもつ土地や建造物の接収を進めるか、首都移転が必要である。ましてや長期政権によって迫害された人々の報復や復讐がイスラム教典に認められていることを考慮すると、民族の違いや同一宗教の派閥争いでイラクは再度混乱に陥り、第一次大戦の戦勝国が民族や宗教などを無視して行った国境線引きに遡ってまで論議されることが考えられる。この状況と同じ問題を抱えるサウジアラビアやイラン、シリア、そしてパキスタンおよび西アフリカなどはアメリカの次なる標的となるだろう国家として分布している。

ブッシュ政権はイラクを手本に中東全体の民主化を目指すと演説しているように、中東全体を視野に入れ資本主義を布教するかのごとくイスラム圏に対応しているが、自らが信仰する宗教の布教や、異教徒の改宗まで視野に入れた支配を目指しているのではなかろうか。それならば世紀に渡る困難が待ち受けている。

イスラム国家は宗教的に一人の王や権力者に守られ方針が決定される傾向にある。そして、それら元首が国家の財産を掌握した後に再配分を行うのが通常である。イスラムではこの行為こそが国家を意味するのであり、アメリカが示す国家像とは趣を異にする。この国家形成を民主主義に反すると誤認し、自由・民主主義が歪曲されていると考えるのは危険である。ブッシュ大統領はこの行為を戦争の理由にしているが、このまま前進するならイスラム国家全体を改革しなくてはならない。いや、イスラム教を抹消しないと解決しない問題であろう。したがってブッシュ大統領が「イラクを見本に湾岸を民主化する」と述べていることは、湾岸地域の経済支配を目指すに等しく、「アメリカ帝国主義」を復活させる行為であり、きわめて危険と言えよう。小泉首相がアメリカの思想をそのまま支援すれば、アメリカの目指す戦争と中東支配を共同で行うものと見なされ、日本の安全や平和にとって脅威である。日本が長らくイスラム圏と平和を維持したことを再考すべきである。

日本国が中東やイスラム国家と対峙することなく平和共存できた理由は、イスラム教やイスラム国家の存在を認め、無理に日本式の改革を押し付けなかったからである。単に経済発展を共有する仲間として、政治の不可侵を堅持したからであろう。インドネシアに長期滞在し、間近にイスラム教（中東のように厳しい戒律はない）に接して感じたことは、日本人は決してイスラム国家を改変しようとせず、協調と繁栄を根底にもって行動したからこそ受け入れられたのである。住民の生活から利益を得ようとするだけの非協調的な他国の人々が受けた反発に対し、日本人がほとんど反発されていない理由はそこにある。平和憲法の下、世界でも第二位や第三位に相当する軍事大国に上り詰めた日本と摩擦を起こさない環境が生まれたのは、アメリカの核の傘に収まるばかりでなく平和日本がしっかりと認識された結果であろう。

中東地域は何ゆえ攻撃の対象にされるのかという疑問は世界中の人々が抱えている。石油利権か、経済か、宗教か要素は多様である。その具体的な方針が「イラクを手本にした自由・民主主義の国家建設」であるとブッシュ政権は述べているが、これに同調するのはごく限られた国家である。その限られた中東の政権分布は読売新聞に記載された中東の政権と人口分布状況によるとイラク攻撃時に米軍の基地を提供して支援したクウェート（二四〇万人）、バーレーン（七〇万人）、カタール（六二万人）、ＵＡＥ（三七〇万人）など人口が約六二万人から三七〇万人の小国家である。そして、いずれの国家とも立憲君主体制の独裁国家である。また、積極的な支援はせず、もしくはやむなしとしている国家はサウジアラビア（二、二〇〇万人）、トルコ（六、七八〇万人）、エジプト（六、九二〇万人）など人口の多い大国である。さらに、イラク攻撃に懸念を抱いている国家はシリア（一、七四〇万人）、リビア（五六〇万人）、イラン（六、四九〇万人）、パレスチナ（三三〇万人）などの湾岸国家では人口の多い国々であることを知っておく必要がある。

したがってブッシュ政権を支援し、イラク戦争に賛成する国家の合計人口は攻撃に反対するリビア一国の人口より少なく、湾岸国家全体でも約二％弱ときわめて少ない数に過ぎない。そして何より、イラク攻撃に賛成している国家は、独裁制の君主制国家であることを知っておくべきだ。また、戦争反対を表明したのは民主的に成立した共和制国家（エジプト、イラン、トルコなど）か、独裁王制を打倒した当初は民主的に成立した国々である（シリア、リビアなど）。ただ、民意によって成立した国家がその後イラクのように独裁制に移行することも現実である。その中にはリビア、イラン、シリアなどがあげられる。先に述べたように、民主化が長期に渡ると、独裁制に移行しやすい土壌を持っているのがイスラム教を国教とする国家の本質だろう。しかし、独裁制によって国の安定が得られるのも、また真実である。さらにアメリカの民主主義がイスラム教と同化するのが困難なことは歴史が物語っている。なによりアメリカはイスラム国家を本気で民主化することを目指しているのではなく、あくまでアメリカ寄りの資本主義的体制を確立するのが目的である。それは、今回のイラク攻撃に掲げた自由・民主主義とまったくかけ離れた国々を同調者に含め、そして攻撃の基地の提供を受けていることから読み取れるものである。

イラクのクウェート侵攻も領土野心のみならず自国の安全と利益の保護を目的としていることは、伏された理由である。イラクは長年国境沿いの石油採掘は協定違反であることをクウェートに示しその改善を求めていた。しかしクウェートの石油採掘はアメリカ資本によって行われていたため防止することができずに、長年にわたりクウェートと対立していた。そして違反行為を湾岸会議やイスラム国家会議ならびにOPEC会議に提訴していたのである。しかし、クウェートの違反の背後にはアメリカが隠れており、無視され続けた挙句にクウェートへ侵攻したのである。そこに石油に頼りきった中東の現実がある。国家を支える産業は先進国に比べきわめて少ないため、国民は国家からの食料配給で生計を維持している。その配給の原資は石油売却でまかなわれているが、独裁制でも王制でも共和制でも同じような手法がとられているのである。中東地域には石油以外、すべての国民を養う産業が根づいていないのである。石油の利益を配分して成り立っている国家は王制などの独裁政治に支えられており、これらの国家はブッシュ政権が「イラクを見本に中東の民主化を図る」と言及した民主化に相反する国家のみである。何しろ、イスラム国家は民主化を達成すると反商業主義となって反米国家に移行する傾向がある。従って中東へアメリカ型の資本主義を推し進めることは中東の混乱を助長するようなものである。

では、何ゆえ西アフリカは攻撃されるのか。アメリカ経済は「勝ち組」と「負け組」を峻別する構造を持っている。そして富の集中を築き、成功者を賞賛する傾向がある。その成功の中心はいつもアメリカであることが必須条件であり、産業や経済の支配を究極の目的とする精神が自然に醸成されているのである。現在、世界の石油は中東が支配しているが、近年、西アフリカに豊富な石油資源が埋蔵されていることが報じられた。サウジアラビアやイラクには及ばないものの有望な資源未開発国家が多く分布している。

アフリカには欧州の列強に引き裂かれて成立した国が多く、速やかに親米国家に移行することが困難で、民族抗争を抱える国も少なくない。そのアフリカを資本主義国家の連合の枠組みに組み入れる作業がアメリカを中心とするサミットで企画され、セネガルの大統領がオブザーバーとして招集された。中南米も中東もサミットに参加したことがないが、西アフリカが招待されたことは、アメリカの次なるターゲットの矛先が秘められた埋蔵資源に向けられていることがついに明確になったのである。

アフリカには民族対立を抱えた国家が多く、国を束ねるのに独裁者を掲げている場合が多い。つまりアメリカが得意とする「個人を対戦相手とする戦争」を仕掛けるのに適した環境が整っているのである。しかし、民意によって成立した国家が干渉を嫌って反米に移行すれば、第二のイラクとなる可能性がある。それらの国々にはイスラム国家が多く、第二のアフガニスタンやイラクとなる要素が内包されているのである。

西アフリカをはじめとするアフリカ近傍には軍事政権や半軍事政権、もしくは単独政党に支配されている国家が多く、民主国家はイスラエルのみと言われるぐらいである。しかしそのイスラエルも、アラブやアフリカ、国連から見れば軍事国家と言わざるを得ず、真の民主主義国家とはなり得ていない。したがって中東から西アフリカ一帯にはアメリカの掲げる自由・民主主義国家はほとんど存在せず、アメリカが軍事介入しやすい条件を満たしている。しかも当該国家には石油の埋蔵が多く確認されているのである。

だが、もっと重要な点がある。第三章の冒頭で記したようにアメリカは貿易輸入大国であり、国債を発行し続け、一説には今や一〇〇〇兆円を超える債務国家であると言われている。

郵便貯金を運用するため、地方自治体を含め六〇〇兆円の債務を国の施策によって無理やりつくりあげた日本とは違い、まさに貿易によって増大したアメリカの債務の債権者は主に外国人であり、その返済には貿易黒字が欠かせないのである。この債務帳消しが二一世紀最大の課題だが、そのためにも利益確保の戦争が欠かせないのであろう。

アメリカで最も進んでいるのはコンピューター産業といわれるが、それよりはるかに貿易収益が高いのは軍事産業である。兵器を使用するため戦争を仕掛け、そして再度製造する。この繰り返しによってアメリカの軍事産業は安定的に成長を続ける。さらに戦費の負担を同盟国に求めれば、国内の産業活性化や失業対策にも役立つ。戦争を取り上げられたら経済が破綻してしまうからアメリカは戦争を繰り返すのである。次なる戦争には周到な準備が必要で、イラク攻撃やアフガン空爆で武器弾薬を使い切り、兵士も疲弊している今、北朝鮮との戦争は早期には起こらないと考えられる（武器の生産調整には四年から六年が適するとされる）。しかし、弾薬の製造が達成されイラクへの戦後出費が軽減されれば、対北朝鮮開戦に進むかもしれない。だが在韓米軍が北朝鮮のミサイル射程圏内にいるため、米兵の負うリスクが高い戦争をアメリカは行わないと考えられる。したがって次なる攻撃先は中東や西アフリカ地域となる可能性が極めて高いのではないか。北朝鮮と交戦する場合は、核兵器を使用して一気に終結する戦法がとられるであろう。

中東とアフリカの政権状況

区分	国名	
地域	中東地域	アフリカ地域
軍事国家		中央アフリカ チャド コンゴ ガーナ リベリア ナイジェリア ルワンダ スーダン ニジェール モーリタニア
半軍事国家		マリ ソマリア トーゴ ウガンダ コンゴ民主共和国
単独政党国家		アンゴラ カメルーン ジブチ ガボン ギニア ケニア レソト モザンビーク タンザニア ザンビア
共和制国家	トルコ シリア イラン エジプト リビア イスラエル	
立憲君主制国家	クウェート バーレーン カタール UAE ヨルダン	
絶対君主制国家	サウジアラビア オマーン	

戦争を行っている時のアメリカ国内世論調査は、大統領に対して高い支持率を示す。大統領支持に統一される傾向にある。それは政府のしめつけが報道機関に浸透し、世論の情報操作が繰り広げられているためである。

ブッシュとフセイン、そして金正日では何が異なるか

北朝鮮による拉致被害者の帰国は大きな感動をもたらした。しかしその後の政府関係者の言動には閉塞感があり、さらなる進展や解決は困難に見える。問題解決の障害は金正日であるとメディアは報道している。だが、それだけであろうか。戦後処理を怠っていたことを金正日につかれ、抗弁できない日本政府に原因はないだろうか。政治家は戦後処理を棚上げにしたまま非難しているが、これでは拉致問題の解決は見られないだろう。

ところで日本人を拉致した金正日は悪で、ブッシュ大統領は正義だとする報道が的を射ているのか検証してみた。スピーチに的を絞り比較してみると、ブッシュ大統領の開戦演説と金正日やフセイン大統領のスピーチが酷似しているのに驚かされる。日本の報道では、金正日やフセイン大統領は独裁者ゆえに市民は否応なく賛同させられているのだとし、その姿を事細かく映し出している。一方アメリカは自由な国であり、民主的な参加を前提に、すべての人々が賛同しているように報道されている。多くの視聴者も事実は報道の通りと捉えているのではないだろうか。だが、こうした錯覚を起こさせるため様々な仕掛けがなされていることは、映像を

つぶさに観察すればわかる。なぜ、ブッシュ大統領の演説はいつも軍施設やホワイトハウス内で行われ、ほぼ全員を軍関係者が占める出席者全員がスタンディング・オベーションで賛成の意思表示をしているのか。

一般にスタンディング・オベーションは自由意志で行われるものだが、ここでは国民を誤った方向へ導く情報操作の一環として、演出されたスタンディング・オベーションが行われているのである。これでは金正日やフセイン大統領のやり方となんら変わらない。自由なき挙手を求めるアメリカには、真の自由が存在しないのではないだろうか。イギリスのブレア首相は国民に直接触れ討論や演説を行っているが、明らかにブッシュ大統領は避けている。これまた小泉首相と似ている。それは「国民に説明する正当な理由」が見当たらないためであろう。ブッシュ大統領自ら自説に反対する国民を説き伏せるだけの「正当な理論」を持ち得ないことが反対者の輪の中に入れない理由と考えられる。

イラク国内でインタビューしたアナウンサーによると、アメリカとの戦争に反対する意見が一言も出ないことを報道している。しかし、シリアにいるイラク人も、イラク国内のイラク人と同じように祖国を思い、アメリカと戦うと述べている。そして一部の人々は戦場となった祖国へと帰国していった。彼らは戦死したのではなかろうか。

自由・民主主義国家と自称するアメリカでは、戦争反対者が村八分などの迫害を受けた現実があると報道されている。そしてアメリカ政府によって規制もされている。規制されないまでも情報操作によって国民の反対が抑制されている。この情報操作や抑制がイラク攻撃終結後に、徐々にではあるが米議会で論議され始めるであろう。特に戦争条件の理由やリンチ上等兵の救出劇の演出による情報操作が明らかにされつつある。この行為のすべてがブッシュ大統領直属の機関や政策関係者によって行われていることが米上院議員の証言で（ＣＮＮの報道から）読み取れる。

イラクはフセインによる軍事独裁で民主化が遅れたが、アメリカのイラク攻撃を支援しているサウジアラビアやクウェート、ＵＡＥでは戦争の真相はまったく報道されておらず、反対デモはいっさい行われていない。イラクと同様の独裁的な国家が、ブッシュ政権による「イラクの民主化」の手助けをしているのである。

一方で、市民の意見の一端でも政権に反映されるような国家は、アメリカの侵攻を批判している（ただし政府はアメリカに睨まれないよう市民を抑える側に立っている）。しかし、これらの国々が過度にアメリカに追従すると、国家混乱のもととなる。

今一度検証すると、流儀作法は違えど、ブッシュやフセイン、金正日のプロパガンダは同じ流れを汲んでいるのである。それは真実を曲げて国民を束ねている点である。我々が信頼してきた「自由なアメリカ」という幻想は、ブッシュ親子によって打ち砕かれた。真の民主主義は、正義に基づいて、その国の国民が決めることであり、政府が上意下達で定めるものでない。そのことをアメリカ政府は再考すべきであろう。ましてや国連や他国に対し、武力や経済力で強制するべきではない。それを無視するなら、フセインや金正日と「同じ穴のムジナ」であることを理解すべきであろう。

第六章　アメリカは何を守るべきか

アメリカは他国の存在を認識すべきである

『文明の衝突』では「宗教＝文明」の図式を解説し、その接点が摩擦を起こすと戦争が勃発すると述べられている。アメリカはイスラム国家の生活や経済の様式までキリスト教式に改変し、中東各国を従属させアメリカ文明へと導こうとしているのであろうか。それに従属しない国々は反民主主義・反自由国家と規定するこの考え方が、『文明の衝突』に記述されている解析に合致するのではなかろうか。約七〇〇〇年の歴史をもつイスラムには、我々には理解できない理論と風習などが何世紀にわたって存在することを、二〇〇〇年に過ぎない歴史しかもたない国家が評価すべきでない。また地球の裏側に位置する国が本当の脅威になるか今一度洗いなおすことが世界平和にとって重要である。

国際人権団体のヒューマン・ライツ・ウオッチはイラク攻撃開始後に出した声明で「強制移

住させられた人々が戻りはじめれば民族間の暴力が発生する可能性がある」と警告し、アメリカのイラク解放の考え方に疑問を投げかけている。

フランスの戦略情報研究所ユーロデンシオンの所長ルー・フランカール氏は、ラムズフェルド米国防長官ら政治家は楽天的すぎて、「自分が正しいとの思い込みが強い彼らは、ほかの文化を理解できない。誰もが自分と同じように考え、アメリカという善の側につくはずであり、そうしないのは悪だと見る。あまりにも単純だ」と寄稿している。日本でも開戦派に傾く解説者や評論家の多くは、イスラム国家と宗教が世界にどのように位置づけられるかという知識が欠如して、政府寄りの思考と姿勢で誤った解釈を押し付けようとする解説者が多く見うけられるようである。アメリカを理解すると称しながら、強い国への無秩序な支持を強引なほど打ち出している。このような解説者たちはルー・フランカール氏が示す「ほかの文化を理解できない人々」であるようだ。

世界には多様な文化をもった国家があり、それらの国々をアメリカは最大限に理解すべきであろう。そしてアメリカ型の民主主義（実は商業主義）はイスラム国家ばかりかアメリカ同盟国家にもなじまず、その押しつけがましい理論は順応性を欠き、軋みが増大しつつあることを理解すべきである。

国連の査察を受け非人道武器の削減に努めるべき

イラクによる大量破壊兵器の隠匿と使用の脅威がイラク攻撃の開戦理由であった。しかし、バクダッド都市部陥落に至っても証拠は発見されていない。この事態を打開すべくアメリカは査察委員会に属した委員を追加雇用し、さらに一〇〇〇人に及ぶ調査団を編成、三〇〇〇ヶ所の調査を開始することを決定した。しかしながら、アメリカが行っている調査報告では、証拠が捏造される可能性が極めて高いのである。イラク攻撃に関して、アメリカが行った情報操作と証拠捏造は枚挙に暇がなく、これから発見されるだろう証拠の信憑性にも疑問がもたれる。

世界にはアメリカの軍事力に対抗できる国家はもはや存在しない。したがって非人道的な大量破壊兵器や人体殺傷能力の高い兵器は廃棄が望ましく、アメリカ自ら率先して、世界にその姿勢を示すべきである。アメリカも他国に求めるのと同様、すべての兵器調書を提出して査察を受け、国連の監視下に置かれるべきである。そしてきわめて殺傷力の高い兵器の廃棄を即座に進めるべきであろう。しかし、他国には強要しながら自国は容認するというダブルスタンダードはアメリカの一国主義によってもたらされ、それが原因で国連の機能が停止している。近い将来、国連の崩壊がさらに進むことが予測される。『聖書の暗号』に書かれている、二〇〇六年に起こる核兵器による地球的破壊はアメリカが引き起こすのではないか。現にブッシュ政権は二〇〇三年中旬、水爆の起爆装置を製造し、いつでも水爆が使用可能な状態にあることを発表している。その水爆のターゲットとなる国はブッシュ政権が悪の枢軸国と名指しした北朝鮮やイランと思われる。

ブッシュ政権は、アメリカの北朝鮮への軍事介入はないとしているが、その一方で在韓米軍をグアムに移動させると発表するなど、北朝鮮戦争への準備も怠ってはいない。在韓米軍の安全のためには、北朝鮮を瞬時に無力化することが不可欠であり、核兵器使用がまことしやかに取りざたされている。このような事態にならないよう、アメリカを含めた核保有国の査察を行うべきである。それが人類に課せられた使命である。しかし今や国連は瓦解したのも同然で、米民間調査機関のピュー・リサーチ・センターが六月三日に発表した世界二一ヶ国（パレスチナ自治政府を含む）の世論調査では一八ヶ国が「イラク戦争によって国連があまり重要でないことがわかった」と答えており、その中にはアメリカも含まれる。このままアメリカの国連無視を野放しにしていると国際的な協調や規約が堅持されず、核兵器を持つパキスタンとインド、イスラエルとアラブ諸国のような隣国同士のいがみ合いに核兵器が使用される危険性が高まってくる。世界平和のためには、アメリカが率先して国連査察を受けて模範となれば、アメリカが望む、核兵器を危険な国家で製造させない取り決めが世界基準で構築できるのである。

好戦的な国民感情の醸成を止めるべきである

戦争となるとアメリカ国民は一丸となる傾向にある。イラク攻撃開始後にアメリカでは戦争賛美を掲げるラジオ放送が極端に増え、国民を戦争へと煽りたてた。またブッシュ政権も戦意高揚のため、様々な演出を駆使している。この情操操作は犯罪性が高く、「戦争犯罪は我にもあり故に正義に照らし再考する」という思考が欠如しており、「大乗精神」を持ち得ていないといえよう。今一度、正義に基づいて行動を起こすべきである。そして何より正しい情報と国家機密を世界に示すことが必要であろう。さらにCIAの規約から「無秩序なる陰謀活動行為の無認可条項」を破棄すべきである。何よりジュネーブ条約違反の元首暗殺や身勝手な政権の振る舞いを受け入れない国民認識を植えつけるべきではないか。

第七章　日本への影響

アメリカの戦争によって日本国民は増税される

国連による査察が継続され、世界の安定が維持されていたならば、日本国民の負担は軽減されていただろう。そして何より産業再生に前進したであろう。しかしながらイラク攻撃により国民の意識は萎えて購買意欲は減退し、企業の収益の回復は頭打ちとなって、不良債権解消への梯子を取り外された状況に陥った。イラク攻撃の無気力感は全世界に波及し、あれほど攻撃に賛成していたアメリカ国民にも勝利の歓喜の声が上がらず、さらに経済は後退している。敗者はいても勝者はいない戦争であったことが、荒廃した人心や経済からも察せられる。莫大な戦費のほかにも、優良な都市基盤整備が空爆で破壊されたイラクの復元には多大な投資と長い期間が必要となる。

元来イスラム教徒は富の集中を容認し、富めるものが親族や部族に配分するという方法が定着していた。したがって貧富の差はあっても誰もが平等に富の分配を受けるという、資本主義とは異なる価値観をもっている。イラク国内でも、多くの国民は生計の手段をもたず、配給による生活になじんできたこともあって、早急に自立した産業を確立することは難しいといえる。したがって物資の提供など復興支援の長期化は避けられないであろう。それゆえ復興支援の支出は膨大になるものと考えられる。

日本はイラクに約一兆円の対外債権を持っている（政府は約六〇〇〇億円）。政府機能や施設が完膚なきまでに破壊され、新政権の骨格も不透明で、第二のアフガニスタンに発展する可能性を秘めたままでは日本の持っている債権は破棄させられたのも同然である。現にブッシュ政権はアメリカの戦費をイラクの石油でまかない、各国が所有している債権は帳消しにすることを打ち出している。イラクに債権を持たないアメリカの発言であることから、約二兆円の債権を持つロシアなどの債権所有国家の反対を生んでいる。

四月一四日のニューヨーク・タイムズ紙によれば、当時ＯＲＨＡ（復興人道支援室）室長を務めていたジェイ・ガーナー米退役中将はイラクの原油収入について「世界銀行のような中立機関で管理させるべき」と述べたと伝えている。しかし湾岸戦争終結後からイラクの原油は国連に管理されており、ガーナー氏のいう中立機関が何をさすのか意味不明である。実のところガーナー氏の発言は、ブッシュ大統領の思惑を代弁したものであり、アメリカが浪費した戦費をイラク石油の収益から捻出するため、石油収支の枠組みから国連を除き、ブッシュ政権の意のままにしようとする狙いが感じ取れる。イラク攻撃の目的が石油利権確保であったことが、はっきりと見えてくる。それに伴いさらなる不足分を同盟国に求められれば、日本国民の負担は増大する。

一方イラクの復興に必要な復興資金は約九〇〇〇億ドルと言われており、国連拠出金比率の負担割合に応じた出費をブッシュ政権は求めるであろうから日本は約二兆円が必要となるであろう。戦争の理由に正当性があるなら必要な負担だが、利権確保を目的とする不正義の戦争なら、直ちに拒否すべきである。なぜなら、攻撃以前のイラクが世界に対する脅威だったとはいえず、むしろイスラエルの領土占領が中東やアラブに対する脅威であり、そこから世界の混乱が引き起こされているからである。

四月一五日に第一生命経済研究所は健康保険法の改正や介護保険料の引き上げ、タバコ税など二〇〇三年からの制度改正が家庭に与える負担増などが国全体で年二兆円に達し、国内総生産(GDP)の実質成長率を〇・二六ポイント押し下げると試算している、さらにイラク関連では約二兆円が追加されることが見えている現状では、国民の負担はさらに大きくなり、保険料改正効果はイラク関連によって飛んでしまう可能性が高い。

湾岸戦争の戦費はタバコ税の増税でまかなわれたが(湾岸戦争に関わる案件が終了してもタ

バコ税は徴収されたままである。その上増税を行うのであろうか）、今回は消費税がターゲットになるのではなかろうか。その論議はまもなく始まる。

ノーベル経済学者でコロンビア大学教授のジョセフ・E・スティグリッツ氏のテレビインタビューによると、「単独行動を行っているアメリカは世界の同意が得られず、アメリカ経済はマイナス傾向となる。日本経済が立ち直るには、直接減税でなく消費減税が必要」と述べている。外国の経済学者すら日本経済の立ち直りには減税が必要と考察しているが、日本政府はイラク復興支援を理由に消費税率一〇％へまい進していくようである。

この政府方針を受けて、四月一七日に山口信夫・日本商工会議所会頭は定例記者会見でイラクの復興支援の増税を容認し、政府の後押しをしている。さらに遡る三月二四日の定例会見において、日本経団連の奥田碩会長が「世界第二位の経済大国が人も金も出さないということは、国際社会の一員としての責任を果たせない」と語り、政官一体でブッシュ政権を後押しして、戦費支出をはじめとする国際行動への参加を示している。しかしイラク攻撃は国連を無視し、「破壊と自国の権益確保」が目的であったことが明らかになった以上、「国際社会の一員としての責任」論はまったく不適切でお門違いである。むしろイラク攻撃の正当性が国際的に疑問視されていることを鑑みれば、国際社会の名においてアメリカの「責任をただすこと」が最重要である。現状での協力は、犯罪者に正義の名を伏せながら助力するのに等しい。そして日本国民に経済的な負担を求めるなど本末転倒であり、行政の失策である。

何より日本経済は消費税導入から下降線を辿り、国民の購買意欲はそがれ、企業は製品の値下げを行うため海外に製造拠点を移すことで維持されている。それに伴い国内の失業率は増加して、景気の後退や不良債権の増大が避けられなくなっている。それがデフレスパイラルを引き起こし、企業収益は衰え、銀行の不良債権は加速的に増大していったのである。不良債権は当初バランスを欠いた投資が原因であったが、企業の落ち込みを防止する政策なしに銀行改革を行っていては、不良債権はまったく消化できない。今や不良債権は企業の利益不足によって引き起こされており、返済能力の欠如が大きな要因である。単純な判断であるが日本の全企業が適正な利益を得ているなら、借金の返済は十分可能であり、返済が滞りなく行われていれば不良債権などあり得るものではない。この一点を理解せず、公的資金を注入して国有化しても一向に改善されるものでない。むしろ銀行の健全性の維持のため、多くの中小企業が衰退した。その痛みを知った東京都は、中小企業のため独自の銀行を設立することを考えたのであろう。

松下幸之助氏は「ダム経営」を基盤とし、収入は多く出費は少なくして、安全経営によって成長していった。それに対し国民の収入を減らし、税負担を増やす行政に安全で明るい未来はない。ましてや、イラクの国連査察を支持していれば世界の安全と日本の負担はあり得なかったのである。現に大量破壊兵器は見つかっていないのであり（仮に見つかってもアメリカ単独では捏造等の疑惑が残る）、難癖に等しい「理由なき攻撃」をもってブッシュ政権関係者の利益のみが得られるよう画策した戦争で日米経済を揺るがし、世界経済をさらに悪化させたのである。このことを同盟というお題目のみで攻撃に参加し、その結果、日本経済を後退させた政権に指導される日本経済の行く末が懸念される。

いずれにしても、復興の利益はブッシュ政権に還元されていくであろう。そして日本国民は増税に縛られ、復興への資金供給と債権放棄のみを任されるのである。しかし四月一四日、財務省林正和次官が記者会見でイラクの戦争後の復興支援について、国際的な枠組みをつくって具体策をつめる旨発表し、アメリカがイラクの対外債務の減免を呼びかけている件に関しては「潜在的な外貨獲得能力や所得水準を考えなくてはならない」と語り、債権放棄の要請に慎重な姿勢を示したことは国民にとって良いことである。ことは官僚方針であり「政府の方針にあらず」とならないかが気にかかるが、官僚が国民の権利を放棄していないのは賛美できる。この発表はイラクには豊富な石油資源があり、北朝鮮とは異なることを官僚行政官が理解したものと考えられる。だが、ブッシュ政権は対イラク債権放棄を強引に各国に求め、戦費はイラクの石油でまかなうとの姑息な説明でアメリカの権益確保を画策、負担のみを同盟国の日本に強く求めるであろう。アメリカに従うことを国策と考えている小泉政権には荷が重い課題である。だからこそ日本は、日本と世界のため、ブッシュ政権に正義と調和の倫理に基づいた行動を起こすことを助言するべきである。

イラクの対外債務は世界に及び、総額約一六兆円と言われている。日本は政府と民間を併せ一兆円を超える債権をもっている。アメリカは対イラク債権を持っていないにもかかわらず、ブッシュ大統領は世界に戦費などの損失を強要している。一方イラク復興にまつわる社会資本整備はアメリカ企業に発注され、世界の企業は締め出され、その代金にはイラクの石油による収益が充てられることが決定している。だが、イラク石油は国連の統括下にあり、アメリカに

対イラク債権国家と債権額

債権国家	債権額
湾岸諸国	三兆六〇〇〇億円
クウェート	二兆四〇〇〇億円
ロシア	一兆四四〇〇億円
日本	七〇〇〇億円
ブルガリア	一二〇〇億円
トルコ	一〇〇〇億円
ポーランド	六〇〇億円

注：二〇〇二年の値（ただし一ドルを一二〇円で換算）

その処分権限がないのは国連機関の知るところであるが、ブッシュ政権は国連外しに躍起となり、それが現実化しつつある。国連を相手にしたペテン行為を行っているのだ。現に塩川財務大臣はフランスのサミットの財務相会合に先立ち会見して、「イラク債務の返済凍結はやむを得ない」と語り、「パリクラブ（主要債権国で構成）で債務の全体調整を行い軽減策の協議をすべきだ」と述べ、アメリカの意図する債権放棄の指針を容認する発言を行っている。国民に負担を強いる日本政府の方針が示されたものといえよう。債権各国はイラクとの間で、債務の先送りをアメリカに関わりなく協議済みである。先送りされる債務の内訳は、ロシア八〇億ドル分を最長二〇年間先送り（一九九九年八月合意）、パキスタン一二五億ドル分を最長三八年間先送り（二〇〇一年一二月合意）、インドネシア五四億ドル返済先送り（二〇〇二年四月合意）、ヨルダン一二億ドル分を最長一二年間先送り（二〇〇二年七月合意）などだが、アメリカはこれらもすべて破棄するよう求めている。しかし、イラクの債務を先送りしている各国はアメリカや日本のような巨額の国家予算をもっておらず（アメリカ約二一三兆円、日本約八〇兆円）、インドネシアの約四兆円や湾岸のサウジアラビアですら約五兆円に過ぎず、イラクやイラン、シリアなどの中東諸国はサウジアラビアより低い国家予算と考えれば、アメリカから強引に対イラク債権放棄を強要されたら国家運営に支障をきたすだろう。なお北朝鮮の国家予算は約一兆一〇〇〇億円強で日本の防衛予算の五分の一に過ぎない（日本の防衛予算は年間約五兆円、アメリカは約四一兆円）。

先にアメリカが爆撃したアフガニスタンは国家予算すら組めず、国連開発計画が年間約三〇〇〇億円を支援しているのが実状でアメリカと戦争を起こすような相手ではない。その再建には長期にわたる支援が必要だが、復興による経済効果は得られない。したがってアフガニスタンやイラクへのアメリカの無償援助は期待できないものと考えられ、必然的に日本の負担が限りなく増大していくことが予測される。この出費は単にイラクやアフガニスタンばかりでなく、影響を受ける周辺国家にも及ぶからである。

誤った政府の外交

読売新聞（二〇〇三年四月二日朝刊）の世論調査によると憲法改正賛成は五四％に達し、憲法第九条の改正により運営する考えが四二％に高まったと発表しているが、国民の意識に近い結果と考えられる。これは報道機関が同時多発テロ以後アメリカ寄りに偏向し、右傾化することで国民の意識が変化していったものと思われる。この調査結果は、自衛隊派遣を目指す自民党にとっては都合の良いものだろう。世界第二位の軍備をもつ日本だが、外国派遣を認めない憲法の抑止効果で、戦争に直面する事態は回避されてきた。しかし世論調査に見られるように、国民の意識が改革されていけば、次世代を待たず、戦争に直面する事態も予想される。

小泉首相は北朝鮮に対する方針をあいまいにしているが、これは尊重する必要がある。経済や行政改革、イラク問題で失態を繰り返している中で、北朝鮮問題に対するあいまいな態度は日本の平和を堅持するために好ましい。首相になって最大の功績と評価しよう。なぜなら好戦的な雰囲気を消し去っているからである。だがこの方針も、在韓米軍の安全確保まで戦争を控えたいというブッシュ大統領の指示だと勘ぐることもできる。そして日本はアメリカを意識するあまり、本来の国連を中心とした平和外交の本質を失いつつある。第二次大戦後の日本はマルチ外交を世界に示し、調停役として本領を発揮した。アメリカが敵視するキューバのカストロ首相さえも日本訪問を敢行したほどである。中南米諸国との交流、イラン、イラクなどのイスラム国家の経済支援など長く幅広く、宗教や政治体制、資源の有無に拘らず世界各国を支援しているのである。だが、小泉政権になって、と言うより野党が総崩れになってから政策に偏りが生じ、徐々にアメリカの属国となりつつある。今一度、日本は国連重視の姿勢と平和外交の姿勢を再確認し、これらを基本理念にしていたことを思い出す必要があろう。

エピローグ

アメリカでは反論と実証が困難な手法を用いた「嘘」や「捏造された事実」が、いかにも説得力にあふれる「演説」としてまかり通っている。しかしながら資料を集め、政権内部の長官や関係者の表明した談話を時系列的に羅列すると、彼らの思惑がはっきりと見えてくる。返答につまる事件に対しては、「情報が得られていない」とかわし、うやむやにしたまま世界の人々を情報操作しているのが、はっきりとわかるのである。しかしながら、世界に冠たるアメリカの武力の前では、いくら反論してもむなしく空回りするだけである。もし、世界がアメリカ一国支配に陥ったならば、世界の破壊は早まるのではないだろうか。

アメリカ指導による自由主義国家の建設には「すべての人類に同じ条件下で競争する権利」が付与されなくてはならない。しかし、アフガニスタンやイラクのように砂漠の上に限られた産業のみが発展する土壌では明らかに民主化が生育しにくいといえる。ブッシュ政権は日本の占領や旧ユーゴスラビアのような国家再建手順を想定しているのであろう。日本は天皇制のもと一本化が容易であったこと、もともと経済基盤をもっていたこと、国民の平等が進んでいたこと、勤勉であったことから戦後の統合を速やかに行えたのである。一方旧ユーゴスラビアの戦後処理は、紛争の原因となった民族と国家を分割して成り立ったのである。しかし未だに混乱は残されている。

アフガニスタンやイラクは国家分割や自治連合国家の建設により安定が図れるだろう。だが旧ユーゴスラビアでは元首が殺害され、アフガニスタンではカルザイ暫定政権の支持が一〇％以下に落ち込んで内戦が再燃するなど、自由主義国家はアメリカの空爆だけでは成立しない。ましてやアメリカ型資本主義は（ブッシュ大統領は民主主義と資本主義を取り違えているようである）、イスラム諸国には根づかないものと考えられる。イラク戦争でアメリカに協力したアラブ国家は自由主義とはいえない政治体制であり、なかでもサウジアラビアは憲法すら存在しない独裁国家である。

そして何より強大な国家が軍事力で世界を支配する昨今、各国の反応は、その力におののく政府機関と平和や正義のため行動する国民の間に大きな隔たりが生じ、国民と乖離した政府が一人歩きする傾向が見られる。アメリカの行動に反対する民意を反映した国はフランス、ドイツなど極めて少なく、専制的な国々はアメリカの恐怖政治の押しつけを受け、指名されないよう努めて本心を隠したまま弱々しく賛成しているのである。

日本も徐々に軍国化する気配が漂っており、次世代、三世代先は平和を放棄しなくてはならない時期が来るのではなかろうかと懸念される。何より法の拡大解釈が進み、かつてはＰＫＯ派遣について論議することすら困難であったのに、今では自衛艦の派遣が論議されている。自衛隊が戦争の深みにこれ以上はまらないよう、国連中心の日本外交に立ち返ってほしいものである。今のようにアメリカに従属するだけで、独自の判断を下せないまま安保理理事会の常任国や非常任国になっても、世界平和に貢献できないばかりか、国連の運営そのものを困難にさせてしまうだろう。したがって常任国への立候補は慎むべきである。そして何より平和を永続させることに努力を惜しまないでほしい。日本の平和外交は世界で高い評価を得ていて、中東やアラブ諸国はこの行為に対し敬愛の念を抱いているのである。さらにフランスのように善悪を正しく世界に発信できる国家となってほしい。日本国家の行く末のためにも世界に平和憲法を広める尖兵となってほしいものである。なぜならば発展途上国の多くは平和憲法によって繁栄している日本を手本としているからである。

引用文献

「朝日新聞」(二〇〇一年九月から二〇〇三年六月の抜粋)
『アメリカの堕落』(ハワード・タイシャー、ゲイル・タイシャー著、高橋宣勝ほか訳　毎日新聞社)
『アメリカはなぜヒトラーを必要としたのか』(菅原出著　草思社)
『アメリカは何を考えているのか』(ジョージ・R・パッカード著、伊藤茂幸訳　講談社)
「アラブに『激震』走る」(読売新聞二〇〇三年四月一一日)
「インタビュー・イラク危機」(ポール・ケネディ　毎日新聞)
『FBIの危険なファイル』(ハーバート・ミットガング著、岸本完司訳　中央公論社)
「M議員の談話」(夕刊フジ二〇〇三年四月四日)
「国防統計書」
『情報帝国CIAの崩壊』(アーネスト・ボルクマン著、春名幹男訳　教育社)
『聖書の暗号』(マイケル・ドロズニン著、木原武一訳　新潮社)
『世界資源戦争』(マイケル・T・クレア著、斉藤裕一訳　廣済堂出版)
『世界石油史年表』(村上勝敏著　日本石油コンサルタント)
『石油年鑑二〇〇一／二〇〇二』(井口祐男編　オイル・リポート社)

『だれがサダムを育てたか』（アラン・フリードマン著、笹野洋子訳　日本放送出版協会）
『ぬりつぶされた真実』（ジャン＝シャルル・ブリザール、ギヨーム・ダスキエ著、山本知子訳　幻冬舎）
『文明の衝突』（サミュエル・ハンチントン著、鈴木主税訳　集英社）
『防衛年鑑二〇〇三年版』（防衛年鑑刊行会編　防衛メディアセンター）

著者プロフィール

日高 基（ひだか もとい）

1947年（昭和22年）横浜市に生まれる。

1966年（昭和41年）鶴見工業高等学校卒業後、㈱オオバに入社。

1969年に三井鉱山系のコンサルタント会社に転社後、土木設計からプランナーへと広がる。

1983年以降、㈲日高アトリエ、㈱修景計画研究所など、代表を経て、現在は自由活動となっている。

世界はアメリカの嘘を見抜けない
アフガニスタンからイラクまで

2004年 4 月15日　初版第 1 刷発行

著　者　日高 基
発行者　瓜谷 綱延
発行所　株式会社文芸社
〒160-0022　東京都新宿区新宿1－10－1
電話　03-5369-3060（編集）
03-5369-2299（販売）

印刷所　株式会社平河工業社

ISBN4-8355-7333-1 C0095